Teatro

Le illustrazione presenti nel volume sono una creazione di Federica Rosellini e le fotografie di Claudia Borgia.

I edizione Giugno 2021

Progetto grafico, copertina e logo design: Maurizio Ceccato | IFIX

Finito di stampare con Artigrafiche La Moderna S.r.l., Guidonia (RM)

ISBN 978-88-6004-580-5

www.giulioperroneditore.com

Federica Rosellini
Fiona Sansone
Nadia Terranova

Carne blu

GIULIO
PERRONE
EDITORE

Indice

Prefazione

di Claudio Longhi

C'è una ferita in fondo al cuore
grande come non l'hai vista mai
guarda il sangue e il suo colore
è bellissima.
C'è un grande salto in fondo al cuore
prima deserto, adesso un'oasi
via i cancelli per favore,
che non mi servono più.
Labbra blu, Diaframma feat. Cristina Donà

La fiaba esprime una fiducia nel soprannaturale, non una sospensione di tale fiducia. Tutti noi crediamo nello stra-ordinario del C'era una volta. *Abbiamo bisogno di crederci. Tutti noi sogniamo e viviamo attraverso le nostre narrazioni.*
Vincenzo di Kastiaux

Una leggenda sovietica narra di Kitež, diafana e inafferrabile Atlantide tra gli sterminati confini della Grande Madre Russia: la storia è quella di una città che, per sfuggire alle incursioni delle orde del Khan tataro Batyi, scompare sott'acqua, sul fondo del lago Svetloyar, lasciando dietro di sé, come unica traccia, l'eco di lontane campane. Si racconta che solo ai "puri di cuore" sia permesso udire il canto sommesso della città inabissatasi nel suo stesso suono. Kitež è, dunque, una delle tante città ideali – perdute o ancora da costruire –, il simbolo di un luogo elettivo, dimenticato o di là da venire, che ci parla di una sparizione quale preludio di una rinascita continua. Inevitabile che, nel corso del tempo, vari artisti siano rimasti affascinati da questa leggenda: da Anna Achmatova – il cui poema *Lungo tutta la terra* (con le parole dell'autrice: "il grande requiem per me stessa") aveva come titolo iniziale *Kitežanka* (Donna/Abitante di Kitež) – a Werner Herzog, che nel documentario *Rintocchi dal profondo* affronta anche il topos della ricerca della città di Kitež, passando per il compositore Nikolaj Rimskij-Korsakov, creatore della partitura *La leggenda dell'invisibile città di Kitež e della fanciulla Fevronija.*

Mi piace immaginare Federica Rosellini – artista versatile dal talento carismatico, presenza tra le più luminose del teatro e del cinema italiani, ora nelle vesti di ispirata scrittrice – prendere per mano il suo Orlando – figura che "contiene moltitudini", libera com'è dalla gabbia delle classificazioni binarie – e, sotto l'affettuoso sguardo di Fiona Sansone e Nadia Terranova, accompagnarlo nella *quête* di una loro personalissima Kitež, che li porta a sondare traiettorie impensate lungo le iridescenti orbite della Luna. *Carne blu* è, prima di tutto, un amorevole inno di nostalgia per il gusto del narrare, nell'appassionata volontà di replicare, una volta di più, le storie già scritte del mondo, riplasmate grazie a sorprendenti varianti e complicazioni. Con raffinata sensibilità e ossessiva curiosità, nello spingersi *à rebours* verso le tracce dei modelli che innervano il suo racconto, Federica Rosellini annoda tenacemente i filamenti del mondo greco e le suggestioni dell'universo vittoriano di Virginia Woolf attorno alle radici rinascimentali della creatività ariostesca, e ne ricava il senso di una nuova esperienza, insieme "fatata" e "demoniaca", arcaica e moderna, percorsa dalle immortali note di *Purple Rain* di Prince.

L'arte affabulatoria dell'autrice e la sua fantasia combinatoria danno vita a un testo metamorfico (nella forma e nei contenuti), costruito attraverso uno spaesante gioco di specchi, in un groviglio di possibilità e di presenze che mette in gioco le questioni dell'identità e del doppio, della menzogna e dello svelamento, dell'omissione e del dispendio di sé. Si è catapultati fuori dal tempo ordinario, in una dimensione altra, che non è più l'amorfo involucro delle routinarie vicende di ogni giorno, ma assume tratti misteriosi e quasi drammaticamente s'impone nella sua assoluta e ambivalente significanza. Davanti ai nostri occhi si dipana un "sogno della mente" in cui Orlando – "puro di cuore" e, in quanto tale, privo di un cuore di carne, al cui posto una tasca di stoffa ospita, con un po' di acqua, un pesciolino d'oro, Sunny – affronta, con disarmato candore, il corpo a corpo con i propri fantasmi. Questo numinoso contendere – fatto di *pietas* e di crudeltà, di smarrimenti e di epifanie, di istinto di sopravvivenza e di attrazione per la catastrofe – è sorretto da una prosa visionaria, materica e pulsante, che mescola elementi di varia natura: perturbamento e levità, tragico e umoristico, spavento e poeticità elegiaca. Nella singolare miscela delle pagine di questa fiaba nera, insidiata dalla minaccia del buio (il proverbiale volto nascosto della Luna) e al contempo animata da improvvisi lucori, scorre una realtà apparentemente indecifrabile, colta attraverso istantanee memorabili e immagini inconsuete, e ritratta grazie a un linguaggio di grande potenza evocativa, su un piano sia visivo che sonoro.

Addentrandosi nella massa brulicante di corpi sublimi e fragilissimi, scosso dal vortice delle maree, il viaggio di Orlando – tramato, in fondo, di silenzio, secondo un ipnotico mantra: "Il silenzio arriva improvviso, come se l'aria fosse stata tagliata di netto" – trova, infine, la sua casa nell'origine di tutto, nel mistero della carne, dimora d'una molteplicità indefinita di sensazioni, tremori, trasmutazioni, piaceri e sofferenze. E insieme a Orlando, è la stessa scrittura di Federica Rosellini ad aprirsi al suo supremo cedimento nella carne, e nel farlo a prospettare l'unica strada per un'arte che si voglia autenticamente genuina, quella delle "cose perse", delle cicatrici e dell'imperfezione, come ci ricordano – in chiusura di questi appunti – le celebri considerazioni di Emilio Cecchi:

> Gli Indiani Navajo sono famosi nell'arte tessile [...]. Quando una donna Navajo sta per finire uno di questi tessuti, essa lascia nella trama e nel disegno una piccola

frattura, una menda: “affinché l’anima non le resti prigioniera dentro al lavoro”. Questa mi sembra una profonda lezione d’arte: vietarsi, deliberatamente, una perfezione troppo aritmetica e bloccata. Perché le linee dell’opera, saldandosi invisibilmente sopra se stesse, costituirebbero un labirinto senza via d’uscita; una cifra, un enigma di cui s’è persa la chiave. Per primo, s’irretirebbe nell’inganno lo spirito che ha creato l’inganno.[1]

1. Emilio Cecchi, *Messico*, Milano, Adelphi, 1985, pp. 50-51.

Nascita di una scrittrice

di Nadia Terranova

"Lo stile è una cosa molto semplice: è ritmo. Una volta preso il ritmo, non puoi usare parole sbagliate", scrive Virginia Woolf a Vita Sackville-West il 16 marzo 1926, e ancora: "L'essenza del ritmo è arcana, è più profonda delle parole. Uno spettacolo, un'emozione sollevano un'onda nella mente prima ancora che si presentino le parole adatte a esprimerli; quando scriviamo (questo è ciò che penso ora) dobbiamo richiamare l'emozione alla memoria e lasciare che operi (una cosa che non ha evidentemente niente a che fare con le parole) e, intanto che si agita nel fondo della mente, trovi le parole adatte. Ma senz'altro tra un anno la penserò diversamente".

Sono passati quasi cento anni e queste righe hanno mantenuta intatta la loro forza, è così che va, è così che deve andare. Non avrei saputo spiegarlo finché scrivevo testi miei, ma posso dirlo adesso che ne ho visto nascere uno da un'altra persona: da quel ritmo, da quel movimento ondulatorio nascono, insieme, le parole e chi le scrive, nasce il testo e nasce la scrittrice. Ho visto Federica Rosellini – talento puro – nascondere il coraggio in qualche maglia segreta dei suoi abiti di scena, perderlo da una tasca bucata, salvarlo rannicchiata in un angolo del palcoscenico (il palco si stravolge quando c'è lei), mettersi al centro di tutto e intanto restare nell'ombra, portare al centro del mondo la sua irriducibile marginalità. Che fosse un'attrice straordinaria lo sapevo, come tutti, prima ancora di incontrarla all'appuntamento ideato da Fiona Sansone. Fiona, con la sua capacità sciamanica di catturare energie e indirizzarle dove è giusto che non siano disperse, aveva detto solo: vediamoci. Per la precisione: vediamoci noi tre.

In realtà ci eravamo già viste noi tre insieme, a una serata su Virginia e Vita alla Casa Internazionale delle Donne di Roma. Come tante altre, eravamo state chiamate a recitare stralci di quell'epistolario, formando fra noi strane coppie e inedite diagonali. Nessun momento della serata prevedeva la nostra compresenza sul palco, così ciò che condividemmo davvero, quel giorno, fu nient'altro che una comune energia, elettrica e lunare. Non sapevamo ancora quanto lontano avrebbe potuto portarci.

Eravamo lì, ciascuna con il proprio universo, la propria vita scassata e qualcosa di esposto e fragile, una ferita da difendere e condividere. C'era qualcosa di allegro nell'aria, malgrado tutto, come un fungo che riparava il palco e le sedie, mentre ci avvicendavamo a decine davanti ai microfoni e decine di donne nel pubblico ascoltavano. C'erano il teatro, la letteratura, la sensualità. C'era un *Orlando* in embrione, ma non lo sapevamo.

Qualche mese dopo, Fiona ha detto: vediamoci noi tre. La pandemia era in agguato come un vento che soffiava da lontano e cominciava a cambiare forma alle abitudini, ma nessuna di noi sapeva ancora quanto e come. Era inverno, una stagione in cui stiamo a nostro agio, una stagione in cui si può parlare di mare: Fiona se ne protegge e Federica vi si lancia, con i tuffi che sa fare lei, avendo sempre come ultimo dei problemi il rischio di farsi male. E poi ci sono io, nata su due mari e ansiosa di cantarli sempre entrambi, incapace di mettersi da parte quando si parla d'acqua, o almeno così pensavo.

Ho scoperto che c'è un posto con più mari di quello dove sono nata. Tutta l'acqua di Federica, la sua consistenza magmatica e marina, la sua lucida poetica si nascondevano sulla Luna: era facile presagirlo dalla consistenza sottile della sua pelle, dal suo gusto alto e nobile per la poesia spericolata. Altri indizi: la fame con cui si avventava sulle parole migliori, l'eleganza dei libri che uno dopo l'altro riempivano la piccola biblioteca che cresceva nella sua casa romana, una casa che a lungo ho sbirciato solo dalla finestrella di una chat.

Pochi giorni dopo il nostro incontro il virus ci ha recluse, ma a quel punto un *Orlando* era già nato. Neanche quello sapevamo. Non sappiamo mai niente, mentre viviamo: per fortuna esiste la scrittura che, nel dopo, illumina tutto. La turbata consapevolezza che un essere androgino si stesse facendo spazio tra noi la rintraccio negli ordini ai librai, in quelle settimane: chiedevo Ariosto e Virginia, crateri e satelliti e tarocchi. Noi, di questa creatura letteraria, non parlavamo. Parlavamo di fratelli inesistenti e del fatto che eravamo noi stesse il nostro cavaliere, parlavamo del rumore che doveva esserci sulla Luna. Non dicevamo quanto fosse blu la carne che stava nascendo, né quanto ci smembrasse dentro quel pensiero che prendeva forma.

Intanto, ci accadeva di tutto, senza che avessimo un altro alfabeto. Lutti, malattie, separazioni, strade che si univano e si dividevano: la vita non smette di accadere tutta insieme, quando si scrive. Anzi: finisce con più ostinazione dentro la pagina, ma questo accade in purezza solo agli scrittori.

Federica Rosellini era una scrittrice, ma non lo sapeva. Non credo che questa consapevolezza cambierà mai fino in fondo: le persone che brillano di più sanno così poco di loro stesse, è il segreto della durata della loro luce.

Così, non ci siamo mai dette chi dovesse scrivere, ma lo sapevamo tutte. Come un'ostetrica ho assistito in penombra a una nascita, ho visto venire al mondo una creatura aliena e selvatica, e più era inadattabile più era concreta. Più era folle più voleva vivere.

Quella creatura è nata in mezzo a una pandemia epocale ed è diventata adolescente in un giardino con le sirene e i tritoni nel bosco. Quando siamo state a Udine, nella splendida residenza di Villa Manin, l'acqua e le foglie l'hanno battezzata, anche se non era pronta. Ha cominciato ad avere spettatori e madrine, e si è irrobustita facendo il bagno nuda nel golfo di Trieste, con la roccia alle spalle e l'acqua salata a chiudere le cicatrici. Intanto, noi eravamo diventate un corpo tricefalo: mangiavamo frico, bevevamo, dormivamo poco, ridevamo, piangevamo, esistevamo in un modo violento e assoluto.

C'è stato un momento in cui ho visto Federica di spalle, seduta in mezzo al bosco, e tutto intorno a lei era verde e azzurro, ghiacciato e torbido, nitido e furioso.

La creatura era nata, il nostro compito esaurito.

Lei, invece, doveva ancora passarci insieme le ultime ore, vicino all'incubatrice. Poi, sarebbe bastato lasciarla andare.

Carne blu
Un Orlando
di Federica Rosellini

A Marlon, per i nostri mille anni

Non c'è niente di più profondo della pelle.
Paul Valéry

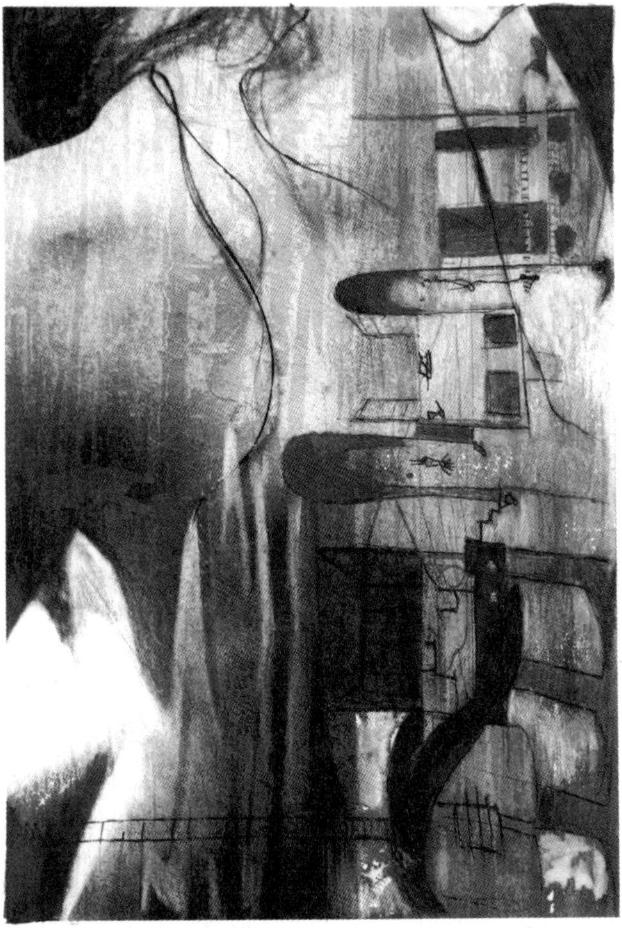

portarsi a casa

Prologo
Il sogno di Orlando

Prima dell'ultima marea ho fatto un sogno.

Scivolo fuori da un igloo di regolite, uno degli ultimi, il più alto. Siamo arrivati a undici piani di igloo di sabbia, ormai. Scivolo fuori e comincio a correre. Non ho portato niente con me, solo il mio zainetto con un paio di scarpe da ginnastica e una canottiera bianca. Non ho la mia tuta da palombaro. Non riesco a sentire Sunny muoversi nella tasca. So solo che devo correre, che qualcosa mi sta inseguendo. L'acqua ha la forma di uno stormo di falchi. La regolite si infila nelle scarpe, diventa fango. Corro per tutta la città sopra il Mare della Tranquillità e non c'è più nessuno. Da nessuna parte. Scavalco i lander, corro dentro le serre vuote. I graffiti delle sirene sulle pareti esterne degli igloo, la carcassa gigantesca della balena vicino all'ingresso della metropolitana. Provo a nascondermi sotto la sua pelle, fra le sue costole, ma so che i falchi d'acqua mi vedranno anche lì. Mi vedono anche attraverso quella pelle. Guardo tutte quelle vene blu, lì sotto, come il soffitto dentro a una tenda da campeggio e aspetto. E mi sembra che quelle vene di balena sottopelle pulsino ancora, piene di sangue, sopra la mia testa, con un rumore simile a quello che fa il pendolo del Nucleo. Con quel ticchettio da orologio che fa la coda di Sunny quando batte sul mio petto. Quando i falchi cominciano a picchiare forte con i loro becchi, mi sfilo anche da quella pelle di pesce. Scendo le scale della metropolitana più veloce che posso. Le gallerie sono buie e lunghe. Le uniche luci vengono dal treno che ancora funziona, che parte e torna senza conducente. Guardo le porte aprirsi e chiudersi e non salire nessuno. Risalgo i binari. Il basalto mi graffia le braccia. Sono stanco. Vorrei il mio papà, vorrei che l'ultima marea non lo avesse cancellato. Vorrei i momenti in cui era felice. Vorrei camminare dietro di lui sugli Appennini della Luna. Vorrei che mi mostrasse le eclissi della Terra, e mi raccontasse la sua storia preferita, quella del perché le piante nello Spazio diventano nane, bambine. Mi sembra di sentire la voce della mia mamma in ognuna delle gallerie di questo labirinto di gallerie, anche se non lo so bene che voce ha. Anche se non l'ho mai sentita davvero la sua voce. So che quando Sunny si spaventa e batte forte dentro al mio petto mi sembra di ascoltarla entrare in ogni cosa, come nello Spazio, come attraverso le ragnatele dell'Universo e dirmi «Piano Orlando, piano amore mio». La Luna dentro di sé ha un labirinto. E io non so dove andare. Credo che i falchi se ne siano andati, credo che non mi abbiano seguito fino a qui. Cammino al buio. Per un po'. Ma davanti a me, dentro le gallerie, piano piano in quel buio si forma la sagoma di un albero enorme. Come per una magia. Tanto grande come io non ne ho mai visti. Buca i binari, buca la terra. Per metà esce e l'altra metà sembra sprofondata dentro il suolo. Attorno, c'è un piccolo prato verde, uno scivolo. Un'altalena. Io non l'ho mai visto questo posto ma per un momento so che sono tornato a casa. A casa mia. Mi siedo sotto i rami, mi prendo le ginocchia fra le braccia. Tolgo lo zainetto. E lì di fronte a me, come se fosse venuta fuori da uno dei crateri neri dei poli, vedo una bambina. Mi guarda. Non riesco a vederla bene dentro tutto questo buio, sembra sfocata. Sembra come se me la stessi immaginando e insieme come se fossi fermo davanti a uno specchio. Tiene Sunny in una mano, lo stringe dolcemente. Senza fargli male. Lui guizza fra le sue dita, gioca. Le sue scaglie sono dorate e bellissime. «Cosa ci fai qui?» mi chiede lei. «Sono tanto stanco» le dico io. Rimette il mio pesciolino cuore nella mia tasca sinistra, sul petto. Sunny riprende a battere addosso a me. «Vieni, andiamo a casa» mi dice lei e mi prende la mano.

Tutte le pareti della galleria tremano. Fuori, in superficie, deve essere caduta una cometa.

1
Breve storia della Luna e delle sue maree

Un giorno sono nato sulla Luna. Tante e tante maree fa. Sono nato così, grande così. Tutti mi hanno detto sempre che io ho mille età. Che non sono mai stato piccolo. Che ho mille anni e tre mesi e quarantadue e quattro anni. Che posso avere tutte le età che voglio. Che qui, sulla Luna, il Tempo non esiste. Che gli uomini hanno imparato che qui, sulla Luna, il Tempo si può dimenticare. Qualcuno mi ha detto che il Tempo sta dentro la pancia di una delle lucciole che splendono la notte fra le montagne della Luna. Fra tutte le cose che gli uomini hanno perso. Il giorno che sono nato, con me è nato anche Sunny. Sunny è il mio pesciolino cuore, è un pesciolino tutto d'oro. Non ho conosciuto altri bambini che lo avessero qui sulla Luna. Io non ho un cuore di carne, non ho un cuore dentro la cassa toracica, chiuso fra i polmoni. Ho una piccola tasca di stoffa a sinistra del petto e in quella tasca tengo sempre un po' di acqua. In quella tasca nuota Sunny. Quando sono nato mio padre e mia madre non c'erano. Nessuno li conosceva ancora. A volte, qui sulla Luna, i bambini nascono prima dei loro genitori.

Viviamo in igloo coperti di regolite. Una volta erano costruiti uno accanto all'altro, ma poi hanno iniziato a costruirne uno sopra l'altro per scappare dall'acqua. Torri di igloo di regolite. La regolite è la sabbia bianca della Luna. Ci ripara dagli sbalzi termici, ci dà tutta l'energia che ci serve. Case formicaio, le chiama qualcuno. Formicai bianchi della Luna. Ma gli igloo più belli per me sono gli igloo-serra. Non è sempre facile trovarne uno vicino. Mio padre, quando è nato sulla Luna, mi ci portava tutti i giorni a camminare fra le piante nane delle serre, perché qui, nello Spazio, le piante non possono essere grandi come sulla Terra. Lo Spazio le rende tutte bambine. Piante minuscole verdi, alberi millenari alti tre dita. Giardini in miniatura. Quando apriva gli occhi la mattina e l'ora della tristezza arrivava, mio padre mi diceva «Andiamo a camminare nel bosco. Devi conoscere il bosco, non devi mai averne paura». La nostra serra, la più vicina, era quella addosso a Catarina, il cratere a sud della città del Mare della

Tranquillità. Prendevamo la metropolitana fino al capolinea, attraversavamo tutta la città in silenzio. Lui camminava senza parlare e io lo seguivo, per mano.

Non so se è esistito un Tempo prima delle maree. Nessuno di quelli che ho conosciuto aveva vissuto quel Tempo, ma qualcuno raccontava di aver incontrato persone che lo avevano vissuto. Mio padre diceva che no. Che le maree sono naturali. Che le maree appartengono alla Luna da sempre. Che se non esistessero la Terra collasserebbe per il dolore. Ma io ho sempre amato i racconti delle prime maree, di un'impossibile età dell'oro in cui sulla Luna si viveva senza acqua e senza paura. C'era un tempo, mi raccontavano, in cui si pensava che sulla Luna non sarebbe mai potuta esistere l'acqua, che proprio non fosse chimicamente possibile. Così dicevano. Poi, un tempo in cui si credeva che tutta l'acqua della Luna fosse raccolta in un ghiacciaio nel cratere a nord, nella zona nera. Per molti secoli, raccontavano, gli abitanti della Luna erano vissuti in pace. Poi un giorno la Luna aveva cominciato a piangere. Così diceva chi me lo raccontava. Ma io amavo di più chi mi parlava della composizione chimica delle rocce. Chi sospettava che qualcuno avesse estratto il magnesio dalle rocce della Luna e avesse convertito l'altra parte in acqua. Chi diceva che il mantello fra la crosta lunare e il Nucleo fosse fatto tutto d'acqua senza che noi lo sapessimo. Chi insisteva che i crateri fossero vulcani ad acqua, che vomitassero acqua su tutti noi perché eravamo troppi.

Chi appoggiava questa tesi dicendo che sì, anche Io, la Luna di Giove, cambiava forma continuamente per i suoi vulcani.

Così un giorno cominciarono le maree, se non erano sempre esistite. All'inizio, raccontavano, erano piccole inondazioni. L'acqua saliva piano fra le rocce, come se le stesse rocce la facessero colare dai pori, come se non riuscissero a trattenerla. La regolite diventava una fanghiglia bianca. Sembrava acqua alta, come se ne vedeva sulla Terra in alcune città misteriose fatte di palafitte e fiori di pietra. Costruirono le passerelle, abbandonarono gli igloo sulla crosta e ne fabbricarono di nuovi sui tetti. L'acqua saliva piano, riempiva i crateri e strabordava. Poi, dopo un po', la crosta la riassorbiva. Come uno spasmo, una contrazione. Come una dimenticanza. Fino a che, un giorno, quella marea bassa non portò alla luce, nessuno sapeva dire da dove, lo scheletro di un cucciolo di sirena. Nessuno volle toccarlo, tutti lo guardavano da lontano. Se ne stava tutto raccolto come un gomitolo. Le ossa della parte superiore erano piccole e fragili, ma la colonna vertebrale si snodava fino alla spina caudale e si apriva ai lati in un ventaglio di piccole spine. Le sue ossa avevano un riflesso azzurro, un colore fra il bianco della regolite e il blu profondo del basalto. Quello stesso giorno la marea crebbe, senza che nessuno se lo aspettasse. Molti di noi sparirono come se l'acqua li avesse cancellati. Poi tutto tornò alla tranquillità, per qualche tempo. Fino all'onda che salì dall'Oceano delle Tempeste e rese invivibili e pericolosi anche gli igloo sui tetti.

Così vennero fabbricati secondi piani, terzi piani, quarti piani. Più ci alzavamo e più la marea saliva. Non cancellava tutti, faceva distinzioni, sembrava scegliere chi di noi voleva portare con sé. Non ci si poteva riparare, non si poteva andare da nessuna parte. Le maree portavano con loro, come dal centro della Luna, creature che non avevamo mai visto. Sirene, ippogrifi, un'orca ma con il corpo a spirale e gli occhi e i denti di fuori come di una porca. La balena gigantesca del mio sogno rimase a boccheggiare per giorni davanti all'ingresso della metropolitana senza che noi potessimo fare niente. Quando la marea si ritirava nessuna di queste creature poteva sopravvivere. Al contatto con l'atmosfera della Luna la loro carne evaporava. Come se fosse stata anche questa d'acqua. Restavano le ossa, tutte con quella luce azzurra. Preso dalla paura e dalla curiosità, qualcuno cominciò a disegnare queste creature miracolose sulle pareti degli igloo. Molti iniziarono a raccontare storie, storie che non avevamo mai raccontato, in cui gli animali che conoscevamo sulla Terra convivevano con queste creature nuove. Le tavole di anatomia veterinaria si arricchirono di nuovi capitoli. Qualcuno issò una sirena come una polena sulla nostra torre di igloo più alta perché ci proteggesse dalle maree che stavano arrivando. Le nostre case ci sembravano sempre di più come navi.

Un po' alla volta tutti si abituarono alle maree e alle cancellazioni, la Luna diventava ogni volta un po' più silenziosa, vuota e solitaria; ma la gente trovò in quella nuova vita una specie di tranquillità. Delle infinite serre che rendevano verde la Luna, ne rimase solo qualcuna, ai piani più alti delle torri di igloo più alte, come quella nostra, mia e di mio padre, vicino Catarina. Perché l'acqua ci lasciava le sue creature e piano piano portava via semi e piante. Li risucchiava fra le rocce, come se volesse farle germogliare. Per le nostre strade mio padre cercava sempre una piantina nata fra la regolite, un ciuffo d'erba nel basalto dei mari della Luna.

Ma non li abbiamo mai trovati.

2
Metamorfosi

È l'alba della Luna. Orlando esce dal suo igloo sul tetto di una delle torri più alte. Guarda la semisfera della Terra, verde azzurra e bianca, che occupa il cielo della Luna. Scende piano dopo piano in un'arrampicata al contrario. Non riesce a stare a casa, ma non sa dove andare. La città del Mare della Tranquillità è deserta. Non c'è più nessuno. L'ultima marea ha cancellato tutti quelli che erano rimasti, anche suo padre. Entra ed esce dagli igloo abbandonati come se lo cercasse: si siede a un tavolo, resta lì e lo aspetta, si sdraia sul pavimento di un altro igloo e chiude gli occhi. Pensa solo che papà abbia sbagliato casa, qualche volta succedeva, adesso tornerà. Resta con gli occhi chiusi per un po'. L'ora della tristezza sta arrivando, sente che anche lui come suo padre non riuscirà a togliersela di dosso, e la paura gli toglie il respiro. Apre lo zainetto, indossa la sua tuta da palombaro. Sunny inizia a muoversi nella sua tasca sul petto. Ascolta il suo battito e si lascia andare a quel rumore sordo come a un abbraccio. Attraversa le strade in silenzio, si spinge ai margini dei quartieri più periferici, si allontana dalle ultime torri.

Prima della prossima marea vuole fare una cosa. Deve liberare il suo cuore, almeno per un po'. Scende a sud, sa che dovrà camminare a lungo, ma non lo spaventa. Arriva al Mare del Nettare, passa vicino a Piccolomini, Walter, Janssen, i crateri più piccoli. Si affaccia per vedere se c'è un po' d'acqua ma niente. Prosegue. Sa dove andare. Se potesse misurare il Tempo dai battiti che la coda di Sunny fa sul suo petto, direbbe che ne è passato molto quando comincia a intravedere la sua meta. È arrivato, il bacino Polo Sud-Aitken si apre davanti a lui. Il Polo Sud, il più grande cratere della Luna. Si arrampica sulla sua cresta e piano piano si lascia scivolare in quella profondità. Il bacino Polo Sud-Aitken è così vasto che per metà è alla luce e per metà al buio. Per metà appartiene alla faccia della Luna che anche la Terra conosce e per metà a quella che non può vedere. Quando può alzarsi in piedi sente che l'acqua gli arriva fino alle ginocchia. Perfetto, pensa. Infila una mano nella tasca a sinistra sul petto, nella tasca di Sunny, e il pesciolino d'oro scivola fra le sue dita. La notte lo ha molto stancato. Con grande attenzione Orlando porta Sunny sul pelo dell'acqua. È tanto tempo che non lascia il suo cuore nuotare. Il pesciolino, con un piccolo movimento della coda, guizza nell'acqua. Scende un po' in profondità, gioca attorno ai piedi di Orlando e si spinge veloce fino alla metà buia del cratere. Orlando lo lascia andare, trema e sente freddo, ma sa che Sunny tornerà indietro. Nel buio più nero dell'altra metà della Luna, Sunny è l'unica luce. Le sue traiettorie dorate risplendono nell'acqua. Ogni movimento della coda di Sunny è una metamorfosi in Orlando. Sunny nuota a cerchi sulla destra e a Orlando crescono orecchie da lupo. Sunny vira a sinistra e la pelle di Orlando si colora di macchie nere da ghepardo. Sunny scende veloce verso il fondo e le scapole di Orlando si aprono in ali, le ossa si ramificano in penne e piume. Sunny torna sulla mano che Orlando tiene sotto l'acqua per riaccoglierlo e sotto la maschera da palombaro i capelli di Orlando cominciano a crescere. Capelli biondo-rossi si allungano e corrono fuori dalla maschera, oltre le spalle, la schiena, i fianchi, giù fino alle ginocchia, ai piedi, nell'acqua. E mentre i capelli sembrano non poter fermare la loro nuova vita, il sesso di Orlando fluisce, slitta, muta. La marea sta salendo, Orlando e Sunny ne sentono l'odore. Orlando riporta il pesciolino nella sua casa di stoffa e lega le punte dei suoi capelli come una fune a una sporgenza rocciosa sul fondo. È un attimo. Le onde lo sommergono. Ancorato al fondo del cratere, Orlando si abbandona al movimento di quel mare sempre nuovo. Davanti a lui, dentro l'acqua sta danzando un ippogrifo. La sua ultima danza. Orlando ascolta le vibrazioni dei mulinelli delle sue piume e delle sue zampe di cavallo più adatte al cielo e alla terra. E mentre osserva quella creatura, sa che anche questa volta la marea non lo cancellerà. Forse perché da sempre, da quando è nato sulla Luna, sente di aver perso qualcosa, anche se non sa cosa. E che non potrà mai partire finché non l'avrà trovata.

Non esce mai fuori dal buio

3
L'odore della Luna

La mia tuta da palombaro è completamente zuppa. Sunny mi sta riportando a casa. Non ne vuole sapere di stare fermo nella sua tasca. Scivola sul mio corpo fra i seni, fra le gambe, fa larghi giri fra le ossa delle anche che si stanno chiudendo, si rinserrano. A ogni passo i miei capelli tornano un po' più corti, le radici nella testa li richiamano indietro. Il seno si ritira, la pelle si stende con una piega che adesso mi sembra quasi imprevista. Sento i seni asciugarsi come se le ghiandole, il grasso, i capillari se ne tornassero dentro la cassa toracica. Come se anche il mio seno fosse una marea. I capezzoli mi fanno male e solletico insieme. Tirano, mi viene da ridere. Mentre cammino mi passo una mano sul petto e rido. Sotto, fra le mie gambe, tutto si allunga, si divide, si allarga. Pulsa allo stesso modo di prima, ma lo sento scendere. Sento la pelle che trema sotto la gomma della tuta. Sento uno per uno i peli biondi delle mie braccia vibrare elettrizzati. Quanta forza c'è sulla punta di uno di quei peli. Il Sole è ormai alto e si prende tutto il cielo. Erutta rosso, esplode in colonne di lava altissime e il vento solare fa volare i suoi fuochi sopra le nostre teste. La nostra esosfera è così sottile che tutta la crosta lunare si scalda velocemente. Ogni corpo bagnato torna asciutto, ma luminoso come se sulla superficie di ogni pietra restasse uno strato sottile di sudore. Il sudore della Luna. Il corpo della Luna dopo la marea ha mille odori. Ognuno di noi ne sente uno diverso che lo riporta da qualche parte dentro i suoi ricordi. Per me la Luna ha un odore di donna. Cammino e mi sembra di far scivolare le narici, il respiro su una pelle tesa e smisurata. A volte il profumo che sento si perde, si alleggerisce. Diventa l'odore della pelle di luoghi fragilissimi. Come l'odore all'attaccatura dei capelli, sulla nuca, sulle tempie. Quell'odore che resta sempre da piccoli, anche quando diventiamo grandi. Come l'odore della pelle sotto il seno, lì dove è più sottile, dove può essere ferita. Come l'odore della pelle quando non c'è più bisogno di difendersi, quando il corpo può dormire. Mi tolgo la tuta che è ancora bagnata dentro, che è un po' troppo grande per me per essere a tenuta stagna. La appoggio sulla regolite ormai calda e asciutta. E così, con la mia canottiera addosso, mi rotolo in quell'odore. Come un cane. Per portarlo via con me, durante il viaggio. È l'unico bagaglio che voglio avere. Quell'odore addosso. Sunny continua a danzare su tutto il mio corpo. Ci rotoliamo per terra e ridiamo e piangiamo. Perché qui sulla Luna non sappiamo quale sia la differenza.

4
“Orlando”

Sono seduto dentro il treno senza conducente. È stato il primo pensiero. Non so che cosa sto cercando, cosa ho perso; ma potrei cominciare dalla metropolitana. Io e Sunny siamo seduti qui da troppi battiti di coda. Le carrozze sono vuote. Tutto sembra ancora più vuoto qui sotto, tutti i gesti sembrano più meccanici. Anche il mio grattarmi la testa, infilare un dito nell’acqua di Sunny per farlo giocare. Il treno fluttua sui binari veloce e silenzioso. Dai vetri vedo le pareti di cemento grigio e arancio delle banchine tutte uguali, le tubature di titanio e poi le gallerie blu di basalto. E ancora pareti con altri nomi di altre stazioni, e gallerie. Fermata Sinus Amoris. Chiudo gli occhi. Fermata Gardener. Sunny ha sonno. Rivedo l’ingresso della metropolitana. La carcassa della balena più marrone che nei miei sogni e rigida, come se potesse spezzarsi. I rover lunari sul piazzale, abbandonati, arrugginiti. La M rossa luminosa. Ripenso alla testa di mio padre, dietro, che cominciava a diventare calva. Fermata Palus Somni. Riapro gli occhi. Sul sedile davanti a me una donna d'acqua è seduta a un pianoforte d'acqua. Sunny trema. Io tremo. Metto le mani davanti agli occhi per non vedere.

Quando riapro piano piano le dita per guardare, la donna davanti a me comincia a suonare. Una melodia dolcissima, malinconica, *Al chiaro di Luna* di Beethoven. L'acqua di cui è fatta è così trasparente da non sembrare acqua di marea. Non ha niente a che fare con la fanghiglia bianca, con la regolite che si scioglie. Le sue mani sono lunghe e cristalline, le sue dita affusolate. I suoi occhi vuoti come se non mi vedesse. Senza iridi, senza pupilla. Sfere azzurre, dentro occhi azzurri. Suona e mentre suona si piega con il busto sulle mani e canta a mezza voce. Con le labbra appoggiate sopra le sue dita. Fermata Rima Ariadeus. Il treno rallenta per entrare in una stazione, la donna si alza e il suo pianoforte d'acqua continua a suonare. Qualche nota sembra perdersi in quella separazione, come assorbita. E mentre la donna scende, altri uomini e altre donne d'acqua entrano dalle porte aperte. Insieme, come un'onda. Una ragazza scappa in groppa a un cavallo. Un uomo enorme, massiccio, sradica i pali di sostegno per i passeggeri, i sedili e piange fiumi. Nella carrozza di fianco, in lontananza, un cavaliere combatte contro un mago che cavalca un ippogrifo e vola raso soffitto. Una maga lancia reti fuori dai finestrini e raccoglie pesci che nuotano sulle sponde delle gallerie. Le loro sagome insieme si sciolgono e insieme si ricompattano a formare altre figure. Una libreria che si snoda per tutto il fianco dei vagoni, buca il vetro frontale e corre sui binari. Due donne gigantesche, distese sul pavimento del treno, che scrivono mentre i loro corpi sono una foresta di rami d'acqua, indistricabili. Una Luna splendente si alza nella volta della carrozza. Fermata Lacus Lenitatis. È un secondo. La Luna esplode in una pioggia che bagna ogni cosa, si infila silenziosa sotto le porte a scorrimento e scivola via nel buio.

5
Papà

Blackout. Le luci si spengono. Il treno si ferma dentro una galleria, come guasto. Sunny nuota a cerchi. Si è perso dentro tutte quelle immagini. Sento che un po' di quell'acqua si è infilata nella sua tasca. Il treno sospeso dondola su se stesso con una litania di metallo che fa vibrare anche il mio sedile. A Sunny non fa paura il buio. A me sì. Guardo verso la sua tasca e lo vedo brillare. Un punto d'oro sul mio sterno. Un bottone cucito al mio seno che non c'è più. All'improvviso, un rumore di lamiera assordante rompe il pavimento. Enorme, come se qualcuno con le unghie grattasse il fondo per entrare. Nel buio vedo la sagoma gigante e nera di un uomo issarsi dal basso. Lo vedo aprire il pavimento, tirarsi su con le braccia, farsi largo fra i cavi elettrici con le mani. Restare incastrato, sciogliersi in grumi neri per terra, rotolare a pezzi e ricomporsi tremando. Sento il suo odore di terra che riempie la carrozza. Sento la sua pelle granulosa muoversi addosso ai miei vestiti, come abitata da sciami di creature sotterranee. Le luci si riaccendono con un lampo elettrico. Fermata Sinus Asperitatis. Guardo le sue mani, perché davvero ha mani. I suoi vestiti come un bassorilievo nel terriccio. La sua bocca, il suo naso, i suoi occhi. La sua testa che comincia a diventare calva. Papà. Mio padre è un corpo di terra e radici bianche come vene che mi siede accanto.

Ti ricordi? Papà. Provo a parlare, ma non esce nessun suono. Anche Sunny prova ad aprire e chiudere la bocca dentro la sua acqua, ma niente. *Ti ricordi?* La voce di papà riempie tutta la carrozza. Sembra essere lì, tutta dentro la sua testa di terra e insieme ovunque. Sembra rimbalzare fra i vetri del vagone. Non muove le labbra. La sua testa è leggermente caduta verso il basso, come se guadasse la punta delle sue scarpe. *Ti ricordi?* Sotto la sua pelle tutto si muove ancora. Lo strato epidermico non è fermo. Le radici tremano, bucano la pelle di terra e si rinfilano in profondità. Escono dagli occhi, si inalberano come un reticolo di capillari. *Ti ricordi?* La sua figura comincia a dividersi. Come se un'altra nascesse dentro quella forma. La testa si apre in due, una seconda nasce dal suo collo. Una testa di donna con capelli di radice. La testa di papà si volta verso di lei, la guarda come se la vedesse per la prima volta e insieme come se l'avesse aspettata per troppo tempo. Con le sue dita comincia ad accarezzarla. *Ti ricordi? Amore. Ti ricordi?* Lei bacia la mano di terra di papà, comincia a seguire quelle dita che le fanno strada. La mano, il polso, il braccio, la spalla, il collo. Bacia il collo di terra di papà per un tempo lunghissimo. *Ti ricordi, amore mio?* Un bacio sulle labbra. Sempre diverso. Il bacio di due lupi di terra, con i denti. Il bacio di una bambina, appesa al collo, all'angolo delle labbra. Il bacio di un bambino, vorace, su tutta la faccia con gli occhi chiusi. Il bacio di due corpi che non riescono a staccarsi, un unico grumo di terra nera che non si può separare. Mille baci in un solo bacio sulle labbra. *Ti ricordi, amore?* Papà ride. Ride di terra. La terra scivola fra i suoi denti. Scivola dalla sua bocca nelle sue mani e comincia a germinare. Dalle sue mani crescono spighe verdi. La donna corre per i vagoni ridendo. Si appende ai pali per i passeggeri, lasciando tracce ovunque. Sui sostegni, sui vetri, sul pavimento. *Amore, amore.* Papà la insegue per le carrozze, le lancia quelle spighe verdi addosso. Sunny sente, da qualche parte sotto le branchie, che lei non è mai stata così felice. Che non ne è mai stata capace. Ogni punto di lei che le spighe toccano fiorisce. *Ti ricordi la mamma. Amore.* La pancia della donna è un unico ganglio di radici. Si muovono sulla superficie, attorno all'ombelico, si allacciano in forme che cambiano: una testa, due teste, due feti. Un pesciolino di terra che scivola fra loro. Una radice si secca, cade verso il basso, torna terra; l'altra fiorisce. *Ti ricordi tua sorella. Amore.* Stringo Sunny in una mano, prima che pianga nella sua tasca, prima che faccia un maremoto nel mio petto. Perché questo maremoto io non potrei tenerlo. Un lettino di radici, mamma e papà lo cullano. Sunny batte la coda troppo forte, mi ferisce le dita. I pali di sostegno pieni delle loro impronte si avvolgono su se stessi e salgono come alberi, si stringono come un bosco, le lamiere del pavimento si inclinano, si inerpicano. Papà sale solo per i sentieri di quel bosco di terra e metallo, di pali e vetri come vette. *Ti ricordi amore. Non avere mai paura del bosco. Non avere mai paura.* Quel bosco dentro il treno comincia a tremare, a cadere. È un'onda di terra la montagna che si alza fino al soffitto e crolla sulla testa di mio padre. Lo affoga dentro il bosco, lo trascina sul fondo e non lo fa più risalire. Travolge ogni cosa, mi strappa dal mio sedile e mi porta via con sé. Fermata Rupes Altai. Non riesco a nuotare, le radici mi tirano verso il basso, mi riempiono la bocca. Quella marea di terra sbatte sui vetri e li fa a pezzi. Mi porta via. Schegge di vetro e terra si rovesciano fuori dal treno. Imbrattano la scritta bianca della fermata, l'arancione, il cemento. Disarcionano le tubature. Mi schiantano a terra sulla banchina. Premuto sul pavimento, senza respiro. È un boato. Il treno senza conducente chiude le porte, lasciandoci lì, e va via.

Quando riapro gli occhi, la montagna di terra è sparita. Resta solo mio padre, la sua terra, le sue radici, i suoi sciami di creature sottopelle che non smettono di muoversi. Resta lui, solo, in piedi sulla banchina che guarda il treno che è ripartito e piange. Immobile, gli occhi fermi sulla galleria, piange lacrime di vetro. Cadono a terra, senza far rumore. Sunny sta male, una scheggia nell'urto lo ha ferito. Lo sento sanguinare piano, muoversi sempre più lentamente. I miei occhi si appannano, le gambe cedono. Il corpo cade. «Papà». Io non ho parlato. «Papà», non è la mia voce. È la sua. È la voce di Sunny. «Papà». Mio padre si gira e ci guarda, per la prima volta. Si avvicina lentamente, si piega su di noi. Con le sue dita di terra scivola dentro la tasca di Sunny e lo accarezza. *Non avere mai paura. Amore.* Sento la terra cadere come sabbia ai lati della tasca, sento una delle sue radici seguire il disegno delle branchie di Sunny e avvolgerlo. Entrare fra le sue lische sottili e curarlo. Suturare la carne, calmare il sangue. Papà non smette mai di guardarmi. *Ti ricordi, Amore.* E in quel bozzolo di radici e terra, Sunny canta.

pul - se pul - se e - mo - re pul - se pul - se e ve

6
La canzone di Sunny

Pulsa pulsa amore
Pulsa pulsa e vai
Questa casa è un cuore
Pulsa pulsa e vai

Pioggia dal soffitto
Piove piano qua
Cosa hai perduto
Non piangere mai

Urla urla amore
Urla urla e vai
Questa casa è un cuore
Stanza stanza vai

Ogni luce è un fiore
Notte notte va
Guarda ogni luce
Il passato è qua

Danza danza amore
Danza danza e vai
Danzo sulla Luna
ti accompagnerò

Luce in ogni dove
Lucciola che va
Fra i monti vola
Tiene ciò che va

Vola vola amore
Vola vola e vai
Cosa hai perduto
Non piangere mai

Tiene ogni cosa
Che hai perduto già
Nella tua mano
Lucciola che va

Pulsa pulsa amore
Corri fino là
Questa casa è un cuore
E sempre lo sarà.

Mentre Sunny continua a cantare, papà, senza smettere di guardarmi, si sgretola piano piano davanti ai miei occhi. La sua terra, le sue radici, le creature sotterranee iniziano a vorticarmi intorno. La voce di Sunny si moltiplica, riempie i condotti di aerazione, i canali della radio. Altre voci si uniscono alla sua, da sotto la crosta lunare, dalla superficie. Senza sapere come, le mie gambe cominciano a muoversi. Sento le parole della ninnananna di Sunny rimbalzare sulle pareti delle scale a ogni mio passo e la terra frusciare in cerchio sopra la mia testa, dietro le orecchie, sotto i miei piedi e sollevarmi. Fuori, tutti i fantasmi della Luna cantano insieme a Sunny. La carcassa disseccata della grande balena canta, la sua voce si spande sotto quella pelle senza più carne con un mugolio di bestia e di mare. Gli scheletri dei tritoni e degli ippogrifi ancora abbandonati ai lati delle strade risuonano emettendo ciascuno una nota differente. Il cucciolo di sirena nella sua teca commemorativa, ancora sul crocevia del ritrovamento, raddoppia la voce di Sunny, con un controcanto acuto.

La grande Polena azzurra fosforescente nel nero dello Spazio trema come se stesse per creparsi e, spingendosi sulla coda per non finire a pezzi, risponde al suo canto.

7
Il controcanto della Polena

(*Sunny e i fantasmi della Luna continuano a cantare piano la loro ninnananna*)

Dov'è la luce?
Che luce è rimasta accesa?
L'hai dimenticato
Hai dimenticato chissà quante luci accese la notte
Perché avevi paura
Per farmi tornare

Ti vedo camminare in cerchio
Ti vedo camminare a scatti
Ti guardo negli occhi
Ma tu li abbassi

Sorridi, abbassi la testa e mi togli i tuoi occhi
Quale casa potevamo trovare con le pareti a cerchio
In quale casa avremmo fatto entrare tutti i tuoi libri
Quale casa aveva abbastanza luci perché tu non mi perdessi
Non so più dov'è rimasta la nostra luce

Sfiori ogni libro, lo accarezzi e non ti fermi
La tua pelle ha una memoria che i miei occhi non riescono ad afferrare
Tu sei la memoria
E io il braccio che non sa come tenerti

Dici che in ogni libro troveresti la strada per una luce
Mi parli dei tuoi fiori gialli
Mi parli delle luci che si accendono vicino alle tombe
E dici che i tuoi fantasmi respirano troppo forte per lasciarle accese
Che io respiro troppo forte per lasciarle accese

La casa è un cuore
Vai per ogni stanza
Cerchi una luce sotto le assi del pavimento
La cerchi dentro gli scompartimenti della cucina
Negli armadi dietro tutti i tuoi maglioni
Ti infili sotto il tavolo e pensi che fra poco una luce si accenderà

Ma io che ho dimenticato troppe luci accese per farti tornare a casa
Non ho più nessuna luce che voglia rispondermi

Pensi alle luci che si riflettono nei palazzi da cui potremmo
capire se è notte o giorno
Pensi alle luci che si trovano in mare su navi che non esistono
O che esistono forse da tutte le tue migliaia di anni

Allora guardi verso l'alto sul soffitto
Hai sonno, lo vedo, da quanto tempo non dormi
Chiudi gli occhi e lentamente aspetti
La testa verso l'alto le mani verso l'alto
Che preghiera sghemba amore mio
Si forma una macchia di luce
Rotonda e umida
La tua Luna è sul soffitto
Tu vedi che nell'acqua di quella Luna c'è
finalmente
tutta la tua dimenticanza

La verità è che c'è qualcosa in te che mi spacca il cuore
e non so ancora che cosa sia
dopo tutti questi anni che ti guardo senza che tu possa vedermi
Ti fai minuscola nelle spalle
Togliti da lì sotto, vai via amore
Andiamo via
Cerchiamo la nostra luce fra i monti della Luna
Dove restano tutte le cose che abbiamo perso

Non aspettare che scenda questa pioggia
Vai sui monti della Luna amore
Cercami fra tutto quello che abbiamo perso.

Zona alluvionabile

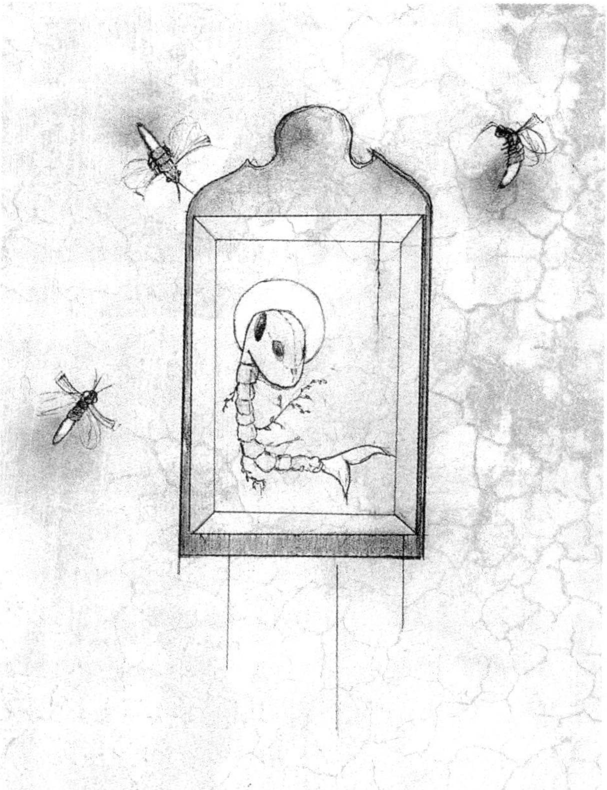

Ti ricordi? Amore.

8
C'è un bosco dentro la Luna

Dentro la Luna c'è un bosco. La pelle della Luna è una membrana sottilissima, la regolite è poco più che polvere di vetro se la guardi dalla Terra. Sotto la crosta si apre un sistema minuzioso di capillari e vene. Il bosco dentro la Luna è il sistema dei suoi nervi, la ricostruzione di un corpo in una sala autoptica. Il delirio di un genio che ha innestato dentro i vasi sanguigni una lega di ferro per far sopravvivere la Luna in eterno. Le maree quando salgono sulla superficie e ritornano qui dentro portano semi che germogliano e crescono in poche ore. Il cuore della Luna è un grande acquario, alberi millenari che fluttuano dentro l'acqua delle maree a riposo come alghe gigantesche che si parlano vibrando. Il mio corpo sempre immerso riconosce uno per uno l'odore di quelle vibrazioni. Qui non ci sono insetti capaci di rispondere a quei richiami, correre veloci sulle cortecce, nutrirsi dei parassiti, piantare uova che debelleranno i pericoli. Ci sono io, con le mie uova, che si rompono e sanguinano, senza che ne riesca a tenere il conto. Ci sono gli alveoli dei miei polmoni, fuori da me, appesi ai rami degli alberi che respirano creature fantastiche dentro l'acqua delle maree. Come se cantassero, come se raccontassero per sempre a Orlando la nostra fiaba della buonanotte. Guardo quegli alveari come uno sciame che posso chiamare casa per qualche secondo, per poi vedere tutte quelle creature infilarsi nei buchi della crosta lunare e sparire. Il mio strisciare dentro la Luna non ha odore, l'odore del mio passaggio è l'odore degli umori di ognuno di quegli alberi. Il mio corpo forse non è niente di più di quello. Il ricordo dell'umore di quando è stato vivo dentro un sogno. Di quando, semicosciente, si è accorto di vibrare pensando di baciare un'ombra. Si è guardato muoversi avanti e indietro su se stesso, sulle lenzuola, e si è amato e ha provato imbarazzo, insieme. Di quando ha visto lei in sogno avvicinarsi senza doverlo chiedere. Di quando il desiderio di quella bocca, la dolcezza di quelle labbra che si aprivano piano fra le sue, senza peso, gli ha fatto ricordare di essere vivo. Il mio odore, l'odore con cui le querce comunicano dentro l'acqua, è quello. L'odore di quella felicità fisica, tutta del corpo, dentro un sogno. Orlando cammina sulla regolite, verso gli Appennini. Ciondola la testa e conta i passi. Sunny impazzisce di felicità, e nuota fra i suoi capelli come se stesse disegnando un cappello, una maschera sottilissima di fili d'oro. Orlando gli racconta storie ad alta voce mentre cammina, non ne vuole più sapere di tutta quella tristezza. Non ne vuole più sapere delle maree, forse non vuole più nessun compito. Neanche quelli che si è dato da solo. Non sa più se vuole trovare qualcosa, non sa che senso abbia cercare qualcosa che non ricorda di aver perso. Orlando pensa solo alla strada, e gli sembra una cosa meravigliosa. Concentrarsi sui passi, giocare a sbattere i denti ogni volta che incontra un cratere piccolo, di quelli che sembrano sporgenze della pelle, un'increspatura sulla fronte. Pensa che niente dovrebbe essere più che un'increspatura sulla fronte. Io seguo i suoi passi con le mani, lo sento vibrare sopra la mia testa. Lo sento sorridere sopra la mia testa. Io allargo le radici con le mani, mi infilo sotto i nodi del legno, respiro nei buchi della crosta per cercare aria con tutta la bocca e continuo. Da dentro a fuori, da questo fondo alla superficie. Se le mie mani parlassero una lingua sarebbero le radici che partirebbero dalle suole delle sue scarpe e sprofonderebbero dentro la Luna, per non farlo mai arrivare.

9
La storia del cervo innamorato

C'era una volta una bambina che viveva dentro un granello di polvere. Il granello di polvere era rotondo e spugnoso come una spora, ma allo stesso tempo piatto e intrecciato sotto i suoi piedi come un labirinto in cui nessuno sapeva entrare e da cui lei non era mai uscita. Al centro del granello di polvere la bambina teneva una piccola fiamma, il suo compito era custodirla e non le importava nient'altro. La proteggeva con le mani, la avvolgeva dentro i suoi manicotti di pelo. Non importava se il calore della fiamma le aveva ingrossato la pelle delle dita o le aveva affaticato gli occhi. Non le importava che le orecchie le sanguinassero per la differenza delle temperature. Niente importava se non quella piccola fiamma nel labirinto di polvere di cui lei era custode. Un giorno il granello di polvere si posò al centro di un lago ghiacciato. In mezzo a quella lastra sottile che alla bambina sembrò sconfinata come un mare. Ma la bambina la guardò solo per un istante, poi tornò a fissare gli occhi nel cuore della fiamma. Un cervo, che passava vicino al lago per succhiare l'acqua dalle foglie congelate, vide la bambina dentro il granello di polvere e si innamorò di lei. Con le grosse zampe salì su quella lastra sottile, ma il ghiaccio non sostenne il suo peso e il cervo cadde dentro l'acqua. A sentire quel rumore la bambina si riempì di paura, per sé, per il granello di polvere, per la fiamma e per il cervo. Senza capire come avesse trovato la strada, uscì dal labirinto e si gettò nel lago ghiacciato. Era una bambina minuscola, molto più piccola di un granello di polvere. La bambina nuotava attraverso acque tanto fredde che le sembrava l'avrebbero resa di ghiaccio prima di raggiungere il cervo. Il cervo sprofondava lentamente, e i movimenti delle sue zampe sembravano un urlo. La bambina così piccola si mise sotto il pelo morbido della sua gola e aggrappandosi a lui nuotò forte fino a trascinarlo di nuovo sulla superficie. La bambina non seppe mai come un cervo così grande potesse entrare dentro un granello di polvere. La bambina non si accorse nemmeno delle impronte del cervo dietro le sue che ripercorrevano il labirinto fino a raggiungerne il cuore. La bambina pensava solo che era freddo e che il cervo doveva scaldarsi, pensava solo che il cervo aveva corna bellissime e che quelle corna le ricordavano le alghe che aveva visto sul fondo del lago, i rami degli alberi che aveva visto gettandosi dentro il ghiaccio. La bambina pensava solo che quel cervo le ricordava tutto il mondo, tutto il mondo aveva preso la forma di quel cervo. La bambina non capì che il cervo forse poteva entrare in un granello di polvere, che forse poteva anche trovare la strada dentro il labirinto, ma che era troppo grande per la fiamma. Fu solo un momento, le sue grandi corna cominciarono a bruciare. Spaventato il cervo fuggì, ma mentre fuggiva bruciava ogni cosa. Ogni via del labirinto era in fiamme e la bambina rimase a guardare il granello di polvere prendere fuoco. Il cervo era scappato e incendiava tutto il mondo.

Una mosca vide il granello di polvere bruciare e, pensando che fosse una cosa preziosa, lo mangiò. Il suo ventre diventò una sola luce e file di trachee iniziarono a crescerle sull'addome per continuare a portare ossigeno a quella fiamma. Da allora, dentro la pancia della lucciola, la bambina non smette più di bruciare e il cervo continua a devastare il mondo.

Da allora, quello che accade una volta, accade per sempre.

Il relitto dell'Apollo 1 sembra il corpo di un guerriero gigantesco abbandonato fra gli Appennini, una macchina della guerra per la conquista dei mondi abbandonata, un elefante che sulle montagne non ha trovato la strada per il campo di battaglia, o per il mare.

Siamo i più alti della Luna. Io e Sunny ci siamo arrampicati sopra la grande carcassa metallica e gridiamo con tutta la voce che abbiamo nel petto. Io grido e la mia voce risuona e diventa più grande dentro il suo corpo piccolissimo. Siamo i più alti della Luna. Sunny mi esce dal petto e facendo le capriole si getta verso il sole che sta scendendo sull'orizzonte. Fra poco arriverà la notte e con la notte il freddo. Il buio durerà molti giorni e non abbiamo tanto tempo per raccogliere tutto quello che ci serve per il fuoco.

Iniziamo a svitare la grande macchina spaziale, pezzo dopo pezzo. Cominciamo dalle antenne di banda S, che papà diceva sono sempre le più facili da svitare. Sunny scivola sulle giunture di alluminio e loro piano allentano la presa. Sembrano delle grosse ghiande mentre cominciamo ad ammassarle. Poi i pannelli del radiatore, per arrivare ai serbatoi e agli ugelli dei motori. Più materiale riusciamo a raccogliere più il fuoco sarà caldo e ci terrà al sicuro. Sunny arriva fino alla sonda di sistema e comincia a nuotare attorno a quella cupola che vicino alle sue traiettorie sembra quasi trasparente. Io la sollevo e la porto sulla pira. Entriamo nella cabina di controllo. Sappiamo già che non toccheremo niente. Tutto lì dentro è carbonizzato. Il portellone d'ingresso, i pannelli di strumentazione e di comunicazione, i chilometri di fili che si intrecciano sopra la nostra testa, i tre scheletri, ancora al comando, con le tute spaziali fuse ai sedili. Fuoco. C'è fuoco nella cabina. Una coltivazione di fiori blu, tanto piccoli da non poterne distinguere i petali, copre il pavimento e sussurra piano. I pollini e le spore riempiono l'abitacolo. *Fire. We're burning up*. Stiamo bruciando. Papà una volta mi aveva raccontato dell'Apollo 1, la nave spaziale andata a fuoco prima della partenza, durante un test di controllo. Grissom, White, Chaffee: i tre astronauti morti carbonizzati prima di avere visto la Luna. Ora l'Apollo 1 riposa qui, per sempre, l'ultimo avamposto della Terra a guardia del Vallone delle cose perse.

La pira è finita, è molto più alta di me. Infilo l'unico maglione grosso che ho e sopra indosso la tuta da palombaro, la temperatura potrebbe scendere a centinaia di gradi sotto lo zero e io e Sunny adesso siamo pronti. Mi sdraio a terra con le mani dietro la testa, voglio guardare le stelle mentre scende il buio. Ripenso alle cose che papà mi raccontava quando mi portava a camminare qui, sugli Appennini. Tutte quelle cose pratiche che mi diceva e che mi sarebbero potute servire se fossi rimasto di nuovo solo. Non eravamo mai saliti così in alto insieme, voglio portarlo qui con me. Voglio fargli vedere come si vede il cielo da qui. Raccontargli le storie che lui non conosceva, che non avrebbe saputo inventare e che io gli avrei raccontato stanotte. La Via Lattea è un fiume che lega la Luna alla Terra, perché nessun pianeta è tanto vicino a un altro quanto quelli che mischiano il suolo, le rocce, i canali e le città sotterranee allo stesso specchio d'acqua. E così Lira e Aquila, i due amanti divisi da quella strada di stelle, ogni notte attraverso quelle stelle si parlano. Questo ti voglio raccontare, papà, che non c'è amore che strade di acqua o di terra possano separare, che i granelli di terra fino alla bara sono solo dei messaggeri, che ogni goccia dell'acqua della marea è una carezza che può arrivare fino a te. Che io voglio crederci che tutto è possibile nel Cielo. È possibile che una capra e un pesce formino un unico animale, che un uomo e un cavallo siano una sola bestia. È possibile che Cassiopea si sdrai a guardare il Drago per tutta l'eternità e non provi più rabbia verso di lui. È possibile che le balene sorgano non dall'acqua ma dal buio dello Spazio e che nessuno pensi ancora che siano creature sterili, perché nella loro bocca tengono i fantasmi di tutti i marinai che su quella schiena smisurata hanno acceso fuochi credendo di vedere un'isola e non hanno sbagliato, perché nel Cielo quella Balena sarà per sempre un'isola. Potremmo guardare la Prima Donna e il Primo Uomo danzare attorno all'Orsa Maggiore e non chiederci chi sta danzando con chi, perché le stirpi del Cielo sono infinite e perché tutto nello Spazio è un'unica danza. Sunny comincia nuotare in cerchio attorno alla catasta. Prima lentamente poi sempre più veloce. Le sue scie si nutrono dell'energia rimasta nelle parti meccaniche, nei motori e sono di una luce fredda, ma intensa come il cuore blu, di gas, delle fiamme. Scivola fra il materiale spaziale, si infila dentro i pezzi e riemerge veloce con un colpo di coda. La materia brilla e sembra prendere vita. La silice, la vetroceramica, ogni pezzo formato da una lega di alluminio con la danza di Sunny torna indietro nei suoi processi di fusione, dimentica ogni raffreddamento a bassissime temperature e comincia a sprigionare calore. È un fuoco di luce quello che si alza, un fuoco senza fiamma. Particelle di luce blu si alzano verso il Cielo, si mischiano alle stelle. Sunny danza e non gli importa quanto possa stancarlo. Danza dentro il suo fuoco e il mio corpo ancora una volta cambia, la metamorfosi ricomincia. La pelle si divide in squame, si indurisce e cresce dietro il collo come lo scudo di un insetto, si copre di pelo lungo e morbido poi corto e ispido, poi ritorna pelle. Le radici sotto la cute spingono all'altezza delle vertigini dietro la testa, i capelli crescono. Il seno si ammorbidisce e si arrotonda. I capezzoli premono sotto il maglione, le areole distendono la pelle e poi si raccolgono in rughe sottili come le *lineae* vicino ai crateri dell'emisfero Sud. Il sesso si allunga e poi si ritira in dentro. Apre dal basso la pancia, verso i lati, sotto i reni. Sento il primo uovo staccarsi dal mio ovaio e scivolare nelle tube fino all'utero. Sento il rumore che fa, dentro. Sunny punta verso il Cielo, crea un'onda di luce dalla cresta altissima. Quando sta per riscendere verso il basso si ferma, con un battito sincopato che anche da lontano mi fa alzare in piedi. Una piccola luce di un giallo carico, mai visto, è ferma davanti a lui. Piccola come lui. La luce gialla si accende e si spegne a intermittenza. Lo guarda. Sunny e quel punto di luce danzano insieme. Un occhio freddo e uno caldo dentro il nero dello Spazio. Lo Spazio non avrebbe mai potuto avere occhi dello stesso colore. La piccola luce calda, intermittente, si avvicina a me. Ora che è vicina vedo che ha un corpo tozzo e corto, ali di un marrone rossiccio. Un minuscolo ventre luminoso e dentro quel ventre vedo la bambina del mio sogno. La bambina dentro la metropolitana. Come la sequenza di un video rallentata e ripetuta all'infinito. Vedo la bambina correre intorno a una grande magnolia dai fiori rosa. Vicino c'è un pozzo. Papà la insegue, con un lungo ramo d'albero infilato dentro la maglia sulla schiena, come delle corna immaginarie. Ridono. La luce si spegne, l'immagine sparisce. La lucciola vola via nel buio.

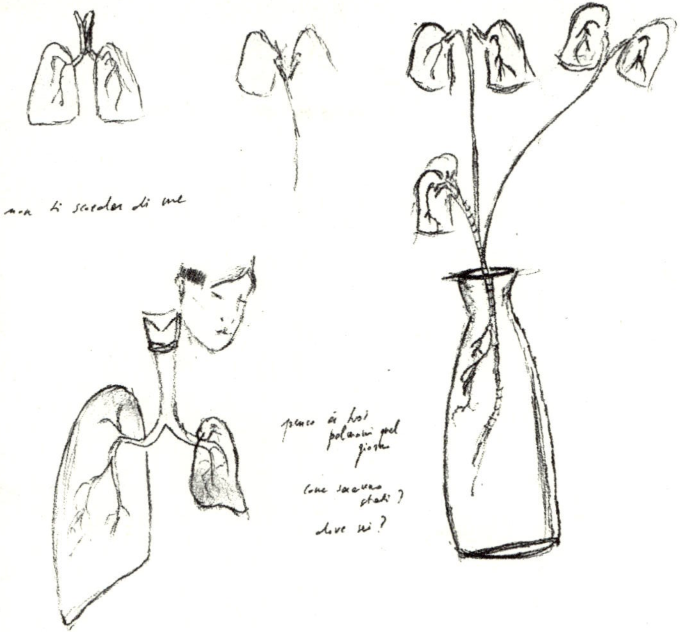
non ti scordar di me
penso ai tuoi polmoni nel giorno
come saranno stati?
dove sei?

10
Il Vallone delle cose perse

La luce intermittente dei lampioni è la prima cosa che Orlando vede quando esce dal buio e gli fa perdere l'equilibrio. Ha seguito la sua lucciola, nella notte, senza sapere dove lo stesse portando, sognando di arrivare a un altopiano, a una gola segreta, magari vicino alle rovine di una città abbandonata. Mentre correva con Sunny piccolo e fioco nella sua tasca, Orlando sentiva che lì, nel buio delle montagne dove si trovava, non era solo. Voci si inseguivano, si rispondevano, si moltiplicavano rifrangendosi sui fianchi degli Appennini. La notte era così nera da asciugare il respiro. Nera e secca. Voci che chiamavano voci, ombre gigantesche più buie della notte che si proiettavano a terra ovunque, sotto i suoi piedi. Orlando alza gli occhi verso l'alto, senza fermarsi. Sagome di Giganti composti d'aria con la testa nell'esosfera correvano al suo fianco, ognuno con un occhio a forma di lucciola. Orlando non sapeva che le lucciole non sono altro che microscopici organi fuggitivi, cellule di organismi molto più grandi: i Giganti del Vallone delle cose perse. Ogni Gigante raccoglie dentro le sue correnti, che lo percorrono come se fossero torrenti di sangue denso, le cose perse da ogni essere umano. Ogni Gigante è il giardino solitario in cui germoglia la perdita privata di qualcuno. Giganti senza pelle, che non possono essere toccati, corpi ciclopici fatti di vento terso, mulinelli e lucciole come sinapsi elettriche che si sfaldano, si decompongono, se solo il pensiero prova a disegnare reti per catturarle e trascinarle a riva. Orlando passava fra loro in silenzio, correva dietro la sua luce, correva dietro a una parte di me, incastrata nel culo di un insetto. Adesso, caduto a quattro zampe, la prima cosa che vede è il verde, un verde chimico, non naturale. Un verde che non gli ricorda le foglie degli igloo-serra, un verde che non gli ricorda niente. Ci mette un po' a capire che questa parte del Vallone delle cose perse, la mia parte, in realtà è un enorme rettangolo di prato di erba sintetica, illuminato ai lati da dei lampioni che fanno una luce chirurgica, livida. Quando si rimette in piedi e il suo corpo un po' alla volta emerge dal buio, Orlando è una ragazzina di dieci anni, con un vestito tessuto a nido d'ape bianco e azzurro. Fra i capelli un cerchietto con delle roselline, molto piccole, di un rosa antico. Si guarda, allunga le braccia per studiare le maniche a palloncino che non ha mai visto, le sue gambe non così magre, i calzettoni bianchi ricamati, le scarpe di vernice che gli sembrano fuori sincrono, fuori tempo massimo, e non capisce dove sia finita la sua tuta da palombaro. Cerca Sunny dentro la sua tasca, ma non lo trova. Poi si rende conto di stringere qualcosa nella mano sinistra: è un lungo filo da pesca. Guarda in alto e sopra la sua testa scopre un palloncino dorato, a forma di pesce, con dei grandi occhi da cartone animato. Il rumore delle giostre è vicinissimo, la mamma gli ha appena comprato un palloncino, che dormirà a letto con lui fino a che non si sgonfierà, che lui terrà abbracciato tutte le notti fino a che non diventerà sottile e piatto, e una frittella di quelle grandi come un disco volante, ma senza Nutella. Perché da sempre, la frittella sì, ma la Nutella no. Sono appena stati, lui lo sa, ma non capisce come, sugli ottovolanti e la mamma lo ha lasciato guidare tutto il tempo, hanno vinto un giro premio, lui guidava e lei sparava, lui urlava forza mamma; poi sulla giostra dei cavallini, che è la loro preferita da sempre. Passa una lucciola, vicino al suo naso, si posa sul prato sintetico, appena il tempo per Orlando di vedersi riflesso. Di vedere il proprio corpo come specchio di quei ricordi reiterati all'infinito. Un'altra lucciola ronza sorda, con un suono basso e contratto che gli fa venire la nausea. Orlando tiene in mano un sacchetto di plastica trasparente, dentro c'è un pesciolino rosso. Lo chiameremo Sunny. Orlando non dorme tutta la notte impaziente solo di risvegliarsi e vedere Sunny nell'acquario bellissimo che gli ha comprato. Ma

Sunny la mattina sta sul pelo dell'acqua, non si muove. È morto, gli faremo un funerale. Lo seppelliremo in giardino sotto la camelia. Sunny. Orlando comincia a piangere, in silenzio, senza rendersene conto. Un'altra lucciola passa e si infila fra i suoi capelli lunghi, riempiendoli di una musica trascinata. Un pianoforte e voci che lo accompagnano cantando non le parole, ma i nomi delle note, come se la diteggiatura di quella melodia non potesse cambiare mai nonostante il tempo, la perdita, la dimenticanza. Orlando ha un vestito rosso, bruttissimo con dei grandi fiocchi e un tulle che lo fa sentire sgraziato e goffo, ma lui balla e ride. Balla con una signora non tanto alta con degli occhiali dalla montatura spessa, un uomo anziano seduto a un pianoforte suona. Nonno. Ci sono tanti altri bambini che ballano come lui. Sta per arrivare Babbo Natale. Orlando urla di eccitazione, di paura, non lo sa. Orlando è vicino a una cabina armadio di un giallo antico. Fra la camera dei suoi genitori e il bagno e urla. Urla. Papà è morto. Non lo sa come sta succedendo, non ha pensato di urlare. Non ha pensato niente. Urla così forte come non ha mai saputo fare. Urla con tutto il suo corpo, si piega a terra. Quel suono all'improvviso è vuoto. Una lucciola gli sale dal basso lungo la gamba, lui la vede tremare di luce sul suo ginocchio. Orlando è in un bagno, ha cinque anni, forse meno. Sua nonna è dentro la vasca. Ha appena fatto la spesa con la zia e ha comprato una confezione da sei pacchetti di cereali tutti diversi e una grande tigre disegnata. Lava la nonna, nuda nella vasca, con una grande spugna morbida – *Pulsa pulsa amore pulsa pulsa e vai* – La casa sprofonda nel buio – *Questa casa è un cuore, pulsa pulsa e vai* – Orlando non sa più dove si trova. Scende le grandi scale di pietra – *Pioggia dal soffitto, piove piano qua. Cosa hai perduto non piangere mai* – La nonna dorme nella stanza al piano di sopra, aveva male alla pancia, è rimasto a dormire con lei fino a ora – *Urla urla amore urla urla e vai* – Scende le scale, tutta la famiglia è riunita in sala da pranzo – *Questa casa è un cuore stanza stanza vai* – Lui spia da dietro una porta, nessuno lo vede – *Ogni luce è un fiore, notte notte vai* – Il nonno sta disegnando una grande palla incastrata dentro uno strano sistema di tubi – *Cosa hai perduto non piangere mai* – È come se vedesse per la prima volta l'interno della Luna, rovesciato e sparso fuori dalla superficie – *Danza danza amore danza danza e vai* – È un tumore – *Danzo sulla Luna ti accompagnerò* – Una lucciola gli esce dalla bocca, si appoggia sulle labbra. Un'altra si sfila dal colletto rotondo e gli cammina sul petto. Altre bucano il disegno del cotone azzurro della gonna. Orlando ha sedici anni e vomita in un bagno, in una mansarda con dei fiori rosa di ciliegio e il vomito è rosso. Si lava le dita nel bidet, con attenzione, le rinfila in gola. Non devo più mangiare niente di rosso. Un'altra lucciola. Orlando ha vent'anni, contro un portone. L'androne di un palazzo di una grande città, bacia appassionatamente una ragazza dai capelli corti. Ti prego però facciamo l'amore. Un'altra. Orlando ha trentacinque anni, sogna un bosco enorme e un villaggio mormone. Sogna una volpe addomesticata dalla donna che ama. Sogna che quella volpe gli sale in braccio. Orlando ha quattro anni, sogna la prozia che ama violentare tutti i suoi amici con un bastone. Un'altra. Orlando ha diciotto anni. Una festa, ha bevuto troppo. Ho paura del buio, non lasciatemi solo. Ti portiamo a dormire noi, stai tranquilla. Non lasciatemi sola. Orlando colpisce con le mani fra i capelli. Le sente ronzare dentro il cervello, appoggiarsi sui bottoni sinaptici e vibrare. Orlando ha sedici anni, sanguina sul sedile di un fuoristrada. Sta perdendo la verginità sulle mani di un uomo di cinquant'anni. Orlando ha trentasei anni, è seduto su una poltrona marrone di velluto. Dorme solo due ore a notte, da mesi. Pensa di scrivere della Luna, di suo padre che gli parla, di un bambino con un pesciolino cuore. Ripensa alle parole di sua madre. *Avevi un gemello, si sarebbe chiamato. Ma non è mai.* Orlando ha sette anni, vede un passero entrare nella carrozza dorata di un museo e perdersi lì dentro, fra tutti quei velluti rossi. Orlando ha quarantun anni, sta guidando. Guarda il guardrail in curva e pensa alla sua macchina che entra, sfonda la barra di protezione e si capovolge sull'altra carreggiata. Immagina di guardarsi morire. Orlando stringe gli occhi per far smettere al Tempo di esistere. Cade a terra, vomita bava sul prato di erba sintetica, sul suo vestito a nido d'ape. Si sfila il cerchietto dai capelli. Si è perso.

Quando Orlando compare sul confine del Vallone delle cose perse è una ragazza di sedici anni. Si guarda e non capisce come sia arrivata lì. I lampioni fanno una luce chirurgica, livida. Solo ai lati, perché il centro è buio e abitato dal canto delle lucciole. In fondo al prato, Orlando ancora non la vede ma ne sente il rumore, c'è una macchina abbandonata con il motore acceso. Un fuoristrada di un viola intenso. Orlando attraversa il prato, ogni lucciola ha una voce diversa che lo chiama, ma lui non le ascolta e continua a camminare. Seduta al posto del guidatore c'è la bambina del suo sogno, tiene Sunny stretto al petto. Sta sanguinando sul sedile, dal basso, fra le gambe. Guarda dritta oltre il vetro come se stesse guidando. Nello stereo un vecchio CD comprato a un'autostazione, *101 canzoni d'amore.*

«Per favore puoi portarmi a casa. Ho sporcato tutto».

«Non importa lo puliremo».

La bambina lo guarda.

«Solo questo ho sempre saputo fare. Restare a guardarmi».

Sunny cresce nelle sue mani come se si ingrossasse. Come se i muscoli degli atri e dei ventricoli si ispessissero e non riuscissero più a pompare ossigeno nel sangue. La bambina esce dalla macchina con Sunny nelle mani che diventa sempre più grosso e pesante, ma lei cammina leggera sulla crosta come se non avesse peso e nello Spazio la luce lentamente cambia. Sotto i piedi della bambina la regolite si illumina di una luce cinerea. La pelle della Luna sotto i suoi piedi non è più così profonda e attraverso quell'epidermide da fantasma, Orlando mi vede. Vede la bambina illuminata dal riflesso non del Sole, ma della Terra, la vede specchiata sulla superficie lunare e dentro quello specchio Orlando mi vede per la prima volta. Gigantesca, incastrata dentro la pelle della Luna, camminare come un ragno sotto i piedi della bambina che sono stata. Vede che le radici che partono dai suoi piedi e si articolano dentro il suo corpo finiscono nella mia bocca. Sono io il suo Gigante. Un mostro dentro la carne, lo scheletro di una creatura mastodontica rattrappita, la struttura ossea ridotta a cartilagine. Una marea rossa come sangue comincia a salire dal prato sintetico, entra dalle portiere della macchina, dai finestrini. Dal condotto di aerazione. La bambina sparisce dentro quel mare vischioso, Sunny galleggia come un corpo morto. Orlando non riesce a muoversi dal sedile del passeggero. Urla con tutto il fiato che ha in corpo. Il sangue gli riempie le narici, lo affoga. Un'onda schiaccia la macchina sul fondo. Orlando non respira più. Solo un'ultima voce lo accompagna fino al buio. La mia. Torna indietro. Non c'è più niente da ricordare.

11
Il sogno di Orlando

È la notte prima dell'ultima marea. Sei nel letto, le persiane chiuse, da tutto il giorno. Ho appena fatto un incubo. È troppo caldo. Odi vestirti per dormire l'estate, io sudo come se il mio corpo fosse fatto d'acqua. Vedo il tuo corpo steso sul letto, vedo le tue mani e le tue dita vicino al tuo viso e mi distendo sul tuo cuscino. Prendo le tue dita nella bocca, tu non ti svegli. Bacio le tue dita, scivolo con la lingua fino all'attaccatura, sul palmo, lecco gli incavi delle tue mani. Mi fermo con la bocca sulle prime falangi e le bagno. Ti tolgo gli anelli uno per uno, li infilo nelle mie dita. Penso alle parole per le mie labbra sulla pelle delle tue spalle, sul tuo collo, sotto la tua ascella. Per il tuo calore adesso. Per il modo in cui il tuo corpo trema mentre stai ancora dormendo, per il rumore che fa il tuo gemito quando respiro dentro il tuo ombelico, scendo sull'inguine e lo mordo piano. Resto lì fino a che non cominci a vibrare. Entro dentro di te con la lingua, mi muovo avanti e indietro, come se volessi tornarti dentro. Come se potessi nascondermi fra i tuoi umori. Non ho paura del tuo sangue. Non ho paura di sentire che adesso mentre facciamo l'amore sanguini, che prima di tenermi dentro mi stai già abbandonando. Il sangue mestruale ti scivola fra le gambe e io lo lecco con tutta la bocca. Non c'è spazio per rinascere dentro di te, sono un grumo di carne dentro il tuo grumo di carne. Ringhio alle tue porte. Appoggio le labbra sul tuo seno, ti bacio il capezzolo con la punta della lingua, lo tocco, scivolo sulla mia saliva, sento che diventa duro, non ti stringo fra i denti, ti faccio aspettare. Ti giro. Ti chiamo dal fondo della mia memoria. Ti chiamo dal fondo della mia carne. Entro con due dita, poi tre, poi tutta la mano. Spingo. Mentre scopiamo, ricompongo nella mia testa, sotto la mia mano sul tuo fianco, il tuo corpo, metto insieme i tuoi organi in un ordine che non potrà funzionare, cerco di tenere i nostri due corpi, le nostre carni, in un ordine che non può funzionare. Spingo più forte. Sento il corpo del tuo utero stringermi e lasciarmi e stringermi ancora, sento la tua marea che sale e bagna le mie dita, la mia mano, il mio polso. Sento tutto il tuo corpo venire contro le mie mani, spingermi più in fondo, di più, più veloce. Sbattermi dentro di te. Inizio a piangere, non ti fermo. Singhiozzo dentro di te. Mi stacco, esco. Apri gli occhi, lentamente, mi prendi la testa, dici

«Cosa ci fai qui». «Sono tanto stanca» ti dico. Tu mi prendi la mano, bagni le mie dita dentro la tua bocca e mi infili di nuovo dentro di te. Sorridi delle tue dita senza anelli, le infili nella mia bocca, solo con le labbra mi dici leccale e poi le spingi, a fondo, dentro di me. «Vieni, torniamo a casa». Tremo fra le tue gambe, come una bambina. Scivolo nell'oscurità aggrappata dentro di te, sono una macchina che scende nel buio di un'onda di sangue.

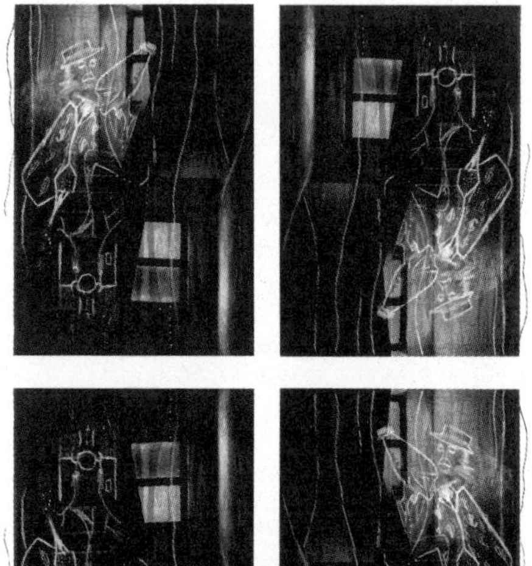

12
Il babbuino con il cappello di paglia

I never meant to cause you any sorrow
I never meant to cause you any pain
I only wanted one time to see you laughing
I only wanted to see you
Laughing in the purple rain
Purple rain, purple rain
Purple rain, purple rain
I only wanted to see you
Bathing in the purple rain
Honey, I know, I know
I know times are changing
Let me guide you to the purple rain
Purple rain, purple rain
I only want to see you

Only want to see you
In the purple rain

Sto vagando nella nebbia, una nebbia bianca, sulfurea. In lontananza una casa, piccola, rosa, le pareti scrostate dall'umidità, il tetto scoperchiato. Vicino a me crateri di acqua calda che fumano nell'aria. Deve essere così venire cancellati. Un grande animale è immerso nell'acqua, il pelo lungo di un grigio chiaro appiattito sul muso rosa acceso. Un cappello di paglia dalla tesa larga sulla grossa testa piegata verso il basso: è un grande babbuino grigio con un cappello di paglia. Muove le labbra carnose, come se cantasse in playback su una canzone che arriva da qualche parte, ma non riesco a vedere da dove. Alza la testa verso il cielo, le narici si allargano: sta cominciando a nevicare. Fiocchi di neve scendono sui suoi occhi sottili, sul laccio tabacco del suo capello, sui fiori e sui frutti della decorazione, cadono dentro l'acqua fumante. Sunny fa un salto fuori dalla pozza, un'acrobazia nell'aria. Andiamo, gli risponde la voce del grosso babbuino. Profonda, trascinata, materna.

Quando apro gli occhi ho del pelo che mi sta entrando dentro una narice. Non riesco a respirare tanto si sta infilando fino in fondo al naso. Non sto camminando, qualcosa mi porta in braccio, come se fossi un sacco neanche tanto pesante, ma non capisco cosa sia. Le mie gambe fra le sue braccia, il mio bacino sulla spalla e la testa che mi penzola e sbatte ripetutamente sulla sua schiena. Un corpo massiccio, grigio, peloso, due natiche sporgenti poco lontane dalla mia faccia, scoperte, di un rosso vivo, la pelle esposta, grinzosa, piena di piccole cisti che sembrano una collana di perle portata in un posto molto insolito. Una coda tozza ma forte, le gambette sono elastiche e magre. Ancheggia e sculetta accompagnandosi con una melodia che mi sembra di riconoscere. *I never meant to cause you any sorrow*. Le parole sono distorte, alterate. Saltella e fischietta. *Purple rain, purple rain. I only wanted to see you underneath the purple rain.* Apre tutte le vocali, le trascina, indurisce le consonanti come se per pronunciarle digrignasse troppo i denti. Fa grandi salti e ride con la bocca spalancata. *Purple rain, purple rain. Purple rain, purple rain.* Mi sporgo un po' di lato e riesco a vedere il suo grosso muso rosa, allungato, le narici dilatate, le labbra carnose. Il babbuino con il grande cappello di paglia. Con una zampa anteriore tiene strette le mie gambe, con l'altra un grosso catino di plastica trasparente. A ogni salto l'acqua si inclina un po' e fuoriesce. Dentro, appoggiato con la pancia sul fondo e con gli occhi chiusi, c'è Sunny. Ancora ingrossato, fuori misura, immobile, la pelle e i muscoli spessi che gli stringono i polmoni e non lo fanno respirare. Sotto le zampe del babbuino che corre e balla il suolo della Luna cambia, la regolite diventa prima acquitrino e poi palude. La nebbia comincia ad avvolgerci bianca, sulfurea. Il babbuino scivola rapido fra le pozze bollenti, non smette di cantare e fischiettare. *Purple rain, purple rain. Purple rain, purple rain.* Quando mi lascia pesantemente scivolare a terra, è chiaro che siamo arrivati. Mi massaggio la testa, ma non protesto. Il calore mi secca gli occhi, ho bisogno di qualche secondo per vedere dove mi trovo. Il grosso babbuino lascia me e Sunny sulla soglia di una piccola casa dalle pareti rosa scrostate e con una corsa e un salto altissimo, rocambolesco, si tuffa dentro uno dei crateri bollenti. Riemerge con un'espressione soddisfatta, il cappello zuppo, i fiori e i frutti caduti nell'acqua. «Cloto, ti ho sempre detto di toglierti il cappello prima di farti il bagno». Una voce dietro di me, quasi sulla mia spalla. Mi volto, ma vicino a me non c'è nessuno. Solo molto lontana, dietro la casa, di schiena, con i tacchi a spillo piantati su di un prato fiorito ma incolto, putrescente, con un paio di calze a rete che si arrampicano sulle gambe scheletriche c'è una donna che balla. I capelli grigi scendono sulle spalle, sulla schiena. Danza con le braccia rivolte verso l'alto, ulula e i fiori si tendono come lei dalla crosta lunare per ululare verso lo Spazio. Il silenzio arriva improvviso, come se l'aria fosse stata tagliata di netto. La donna si volta lentamente verso di me. La pelle del viso, del collo, è rugosa, cadente. Gli occhi troppo sporgenti, le occhiaie scendono sulle guance, solcano la pelle. Sembra eterna come la Luna, come la Luna percorsa da movimenti sotterranei, tellurici. Il suo viso non resta fermo, le sue rughe si spostano, cambiano continuamente forma, raccontano un'altra storia, un'altra vita, parlano di un altro volto.

«Benvenuto, Orlando, creatura, ti stavamo aspettando».

13
La casa della Palude

Passata la soglia, entriamo in una stanza piccola, buia. Venendo da fuori, le pupille ancora avvolte nella nebbia bianca, mi ci vuole un po' di tempo per abituarmi all'oscurità. La misura del Tempo qui non è più il battito della coda di Sunny nel mio petto, ma un rumore sordo di ali. Un bagliore viene da un unico filo di luce appeso al soffitto, come una lampadina. Sembra una casa minuscola dentro una sola stanza. Le pareti sono rivestite da una libreria bianca con delle vetrine smerigliate, che alla luce si muovono come se fossero un mondo di fiori sotto lo spettro dell'acqua. I libri sono tanti, troppi per quello spazio. Appoggiati in più file in tutte le direzioni. Uno sopra l'altro, rinchiusi anche loro dentro quelle vasche di acqua di vetro. Una cucina impolverata, scura. Barattoli accatastati sui ripiani, per terra. Barattoli di miele forse, di melassa, di sostanze scure, collose. Etichette scritte in uno stampatello nitido, ma che occupa il bianco della carta adesiva con un'andatura bizzarra, scomposta, che scivola in a capo imprevisti. Molti barattoli sono aperti, il metallo dei coperchi brilla opaco nella poca luce. Per un attimo penso che il rumore d'ali venga da quella catasta disordinata, quando mi accorgo che le cornici appese ai muri, ai lati delle librerie, oscillano come mosse da mani invisibili, una danza di ali fantasma che trascina dentro i suoi passi le fotografie dei corpi e i ricordi. Una grande poltrona in un angolo, la tappezzeria consunta, logora sui braccioli, all'altezza delle spalle sullo schienale, dietro la curva della nuca. Un profilo luminoso si disegna dentro la seduta, un contorno luminescente, quasi un filo di neon che prende la forma di una grande falena addormentata. Le ali lunghe come braccia di donna distese davanti al corpo, il disegno delle venature è lo stesso che fa la luce sulle vetrine. Il rumore di ali è sempre più insistente, anche se la falena non si muove. Poi con un movimento, come se ci trovassimo dentro una ruota, o dentro un fuso, le pareti si capovolgono con un suono simile alla caduta di un corpo nel vuoto. Tutta la stanza è ruotata, solo la poltrona e la falena sono rimaste immobili, come se fossero il centro della rotazione, come se restassero fuori dall'immagine apparente. Il pavimento è diventato il soffitto, e noi a testa in giù vediamo tante piccole figure piegate, di tante vecchie minuscole, entrare da tante piccole porte.

Trascinano sedie, poltrone, sgabelli, si siedono caoticamente attorno alla poltrona della falena e cominciano a tessere. Il filo di luce che illuminava la stanza si moltiplica e le donne prendono quei filamenti nelle loro mani e con dei ferri corti, da uncinetto, cominciano a tessere complicati disegni, oggetti tridimensionali dalle forme organiche. Resto a guardare un po' prima di capire che sono coralli. Coralli di fili luminosi. *Bim bum bam quattro vecchie sul sofà, una che fila, una che taglia, una che fa cappelli di paglia, una che affila coltelli d'argento per tagliare la testa al vento. Bim bum bam quattro vecchie sul sofà, una che fila, una che taglia, una che fa cappelli di paglia, una che affila coltelli d'argento per tagliare la testa al vento.* Il suono delle loro voci che accompagnano il lavoro è ritmico, cadenzato, il rumore dei ferri sembra sempre di più un battere d'ali. Poi la stanza ruota di nuovo, ma questa volta non di un giro soltanto, fa più giri su se stessa, e quel rumore di corpo in caduta mi riempie le orecchie. Non capisco più dove sia il soffitto e dove il pavimento, tutto ruota. Poi la stanza si ferma. È cambiata, nessuna libreria più alle pareti, i muri sono di un rosa pastello scrostato, come una carta da parati che avesse finito con il penetrare nei muri. Il soffitto non esiste più, la casa non ha un tetto, se alzo la testa vedo il nero dello Spazio, ma senza stelle. I fili di luce, in un numero impossibile da contare, riempiono tutta la parte alta della stanza. Solo la falena non si è mossa dal suo posto e non si è svegliata, continua a riposare chiusa nel suo scudo d'ali. Un grande tavolo è comparso al centro della stanza, un tavolo d'altri tempi di un azzurro chiaro con il ripiano di formica grigia. Un corpo piccolo è disteso sopra il tavolo, non riesco a vederlo bene e mi avvicino. Sono rimasto da solo, tengo la bacinella di Sunny fra le mani. Mi avvicino, vedo la pelle di un nero innaturale, salgo con gli occhi dai piedi lungo il disegno delle vene rosse accese, su fino alla ramificazione del petto, alla strettoia della gola, al viso. Il mio viso. «Buongiorno, creatura». La grande falena ha aperto i suoi cento occhi.

«Tu e Sunny dovete mangiare un po', questo è sicuro». Sono seduto a tavola, l'immagine del corpo disteso è scomparsa. Sunny è nella sua bacinella, vicino a me, ancora senza muoversi. Lo sento respirare piano, è un brivido dentro il petto, come un battito ma più freddo e mi fa tremare. Mangiare? Io non mangio, Sunny nemmeno. Noi non ne abbiamo bisogno sulla Luna. Il grosso babbuino con il cappello di paglia, Cloto, *la filatrice*, aggiusta sul tavolo una tovaglia di un bianco sbiadito, e sopra ne mette un'altra con un disegno a fiori. «Mi piacciono i fiori», dico. «Lo sappiamo» mi risponde la vecchia in calze a rete, che mi dice di chiamarsi Lachesi, *colei che assegna la sorte*, armeggia fra i barattoli scuri, li avvicina alla luce dei fili luminosi, studia il contenuto e li ripone. La falena non si è mossa dalla sua poltrona e mi guarda senza parlarmi. Atropo, *l'irremovibile*. In realtà mi accorgo che il suo corpo non è interamente quello di un insetto. Lo sono le ali lavorate così finemente da sembrare di vetro e l'esoscheletro fragile come quello di una falena millenaria, ma la metà inferiore è quella di una donna giovane. I fianchi morbidi e le gambe perfette, due piedi allungati dentro un paio di saldali color cipria, un bastone con un pomello d'avorio intagliato come una balena che tiene nella sua bocca una sirena che ha fra le mani un passero. I suoi cento occhi, anche se per il numero potrebbero sembrare non umani, mi guardano come se mi studiassero, mi tenessero lontano e allo stesso tempo mi lasciassero entrare da una porta laterale, mi chiedessero con dolcezza di fare un giro non previsto. La guardo e non ho più la pelle. «Sardine, ecco, di un'ottima annata». Cloto mette fra le mie mani un piattino di una ceramica sottile, con il profilo sbeccato. Lachesi rovescia il contenuto di un grosso barattolo nero e quattro sardine ricoperte di una gelatina scura scendono mollicce sul mio piatto. «Per te e Sunny». Guardo le sardine e poi lei. «Ma Sunny è un pesce». Tutte e tre scoppiano in una risata fragorosa, assordante. Hanno voci molto diverse: una sottile e acuta, ma mobile e a tratti inaspettatamente profonda, una fra la gola e il petto, corposa, una liquida e antica, ma a volte spigolosa. «È cibo per gli spiriti, creatura, non può farvi male». Prendo in mano il cibo senza fare altre domande, anche se in realtà non so bene come dovrei fare per mangiare. Guardo il babbuino che immerge una lunga sardina nell'acqua di Sunny, vicino alla sua bocca. Sunny la apre piano, poco, e comincia a succhiare. Io lo imito, succhio la sardina con tutte le labbra. La gelatina nera mi cola dagli angoli della bocca. Il sapore è salato, strano, ma nello stesso tempo familiare, come se il mio corpo lo riconoscesse. Più Sunny mangia e più il mio petto si apre e comincia a respirare di nuovo, prendo aria a grandi boccate. Le spalle scendono, la testa gira un po', ma la vista diventa molto più lucida. Sunny, boccone dopo boccone, torna delle sue misure perfette, guizza dentro la tinozza, brilla come non lo avevo mai visto brillare. Mentre finiamo di mangiare, Cloto si alza sulle zampe posteriori e con la grande bocca fa scendere dall'alto uno dei fili luminosi e, sempre tenendolo fra le labbra carnose, passa l'estremità a Lachesi. Lachesi abbandona i barattoli e, misurando a più giri la lunghezza del filo sul limite del piano di formica, comincia a tessere lentamente. Cappi annodati, catenelle, punti alti e bassi, le dita e le unghie si infilano nell'ordito come degli uncinetti e creano la struttura della trama, un oggetto tridimensionale simile allo scheletro calcareo di una barriera corallina. Davanti ai miei occhi, sospesa a pochi palmi dal centro della tavola, si forma, pallida come un ectoplasma e altrettanto leggera, l'immagine di un bambino dentro la sua culla. A ogni punto onda concatenata la casa gira, e finiamo con la testa in giù. Cloto esplode sulla sua sedia in una risata gutturale, applaude con le zampe posteriori e a denti stretti grida: «Oh sì, cambiamoci di posto. È sempre l'ora del tè». Il bambino adesso cammina gattonando, a quattro zampe. Un altro punto e la stanza torna al suo posto. L'ectoplasma sopra il tavolo adesso ha la forma di un ragazzo, Cloto lo guarda con attenzione e, senza lasciare il filo dalla sua bocca, sposta il grosso culo rosso al bordo della sedia e con una zampa aziona una vecchia radio. La musica è confusa, le canzoni si inseguono, non arrivano mai alla fine, si affastellano. Il ragazzo corre, cresce, cambia, diventa un uomo, invecchia. «Cosa fa?» chiedo al grosso babbuino, mentre Lachesi non alza gli occhi dal suo lavoro. «Fila la vita». Un'altra onda concatenata, e siamo sul soffitto e poi a terra, e poi ancora a testa in giù e di nuovo dritti al nostro posto. «E perché è un corallo?». La stanza dondola, Lachesi alterna catenelle e pied de poule, l'ectoplasma si ammala, è disteso su un letto, è sempre più debole. Le rughe emigrano sul suo volto di vecchia, cambiano posizione. «I coralli racchiudono il Tempo. Sono i modelli organici della sua struttura profonda. Per molti secoli hanno descritto l'Universo con un sistema di piani ortogonali, ma la vita biologica è iperbolica. Se ho una linea retta e un punto al di fuori della linea, quante linee potrò tracciare per quel punto prima di intersecare la mia linea di partenza? Il Tempo ci passerà infinite volte. Lo Spazio si piegherà e lo lascerà fare. Gli scheletri dei coralli si dispiegano in una geometria di pentagoni, si raccolgono e si aprono come per respirare, i disegni sotterranei sono infiniti, molto più numerosi di quelli che si potrebbero mai percorrere. Ci sono infinite vite diverse di un solo uomo, infinite traiettorie del Tempo, che passano per un solo momento prima di intersecare la linea principale della sua esistenza. Essere qui e in infiniti altrove, è scheletro, è biologia». La casa si capovolge, Lachesi continua a filare.

Il silenzio arriva improvviso, come se l'aria fosse stata tagliata di netto. La grande ala di Atropo ha reciso il filo, con un unico movimento, esatto. I suoi cento occhi si aprono tanto da diventare bianchi, si riempiono di mare e poi si chiudono in una smorfia di dolore. Il corallo si stacca dal suo filo luminoso, e l'ectoplasma sul tavolo comincia a cambiare così velocemente da sembrare un'immagine disturbata. Infinite immagini si sovrappongono, una sull'altra, così velocemente che i miei occhi non riescono a catturarle tutte. Infiniti tempi possibili in ogni attimo. Il pavimento si apre sotto i nostri piedi, fluttuiamo nel vuoto. Il corallo luminoso scende rapido nel buio, illumina per qualche istante le pareti di una galleria verticale e milioni di piccole statue di pietra piantate ai lati.

«Lachesi, ti ricordi Elsie, Lacie e Tillie, le tre sorelline che vivevano in fondo al pozzo?».

Cloto si sporge verso l'alto e afferra un altro filo nella bocca. Il corallo è un punto lontanissimo nel nero. Poi scompare.

Dentro l'acqua sta danzando un ippogrifo

Mu ale ja-va lontano.

14
Il cimitero delle volpi di pietra

La Volpe vince sul Cacciatore perché il Cacciatore è stato incantato. Tre voci di bambina si inseguono, sui lati della galleria. *Il Capo, Il Cacciatore, La Volpe. La Volpe vince sul Cacciatore.* Una voce cristallina, leggera, vola lungo la parete di sinistra, sembra venire da una delle statue buie più lontane e poi precipita sulla destra, giù nel vuoto. Un'altra ride sottovoce. *Il Cacciatore è stato incantato.* «È la preghiera di quaggiù. La preghiera degli spiriti, dei morti. La volpe è sempre stata la sola capace di incantare la Morte. Il suo fantasma porta la Morte dentro il bosco, mentre la Morte sta facendo il suo corteo, mentre ostende fra i fiori la testa mozzata della volpe come un trofeo, e lascia che dentro il bosco la Morte si perda». Lachesi avanza camminando in verticale sulla parete della voragine. I piedi ossuti, scalzi, camminano senza scivolare, piccoli passi come se si muovesse sul pelo dell'acqua, passi rapidi. Cloto dietro di lei, con una gerla piena di barattoli sulla schiena, scende, arrampicandosi a quattro zampe, i pollici opponibili stretti attorno alla testa di una statua, la zampa posteriore contro il corpo di un'altra, si muove come se scalasse l'Albero della Vita ripiantato al contrario, con i rami verso il centro della Luna, le foglie intrecciate con il teschio del Primo Uomo. Io mi devo scansare più volte per non prendere sulla testa uno dei barattoli, che scivolano come proiettili dal grosso cesto intrecciato. Lachesi e Cloto si muovono nell'oscurità, senza fare rumore, se non fosse per il risucchio ovattato con cui il buio sembra far scomparire i barattoli nel nulla. Sunny fa capolino dalla sua tasca e si guarda intorno, è l'unica piccola luce. Mi avvicino di più a una delle statue, non riesco a capire quale sia la loro forma. Cerco di vedere con le mani, faccio scivolare i palmi sulla pietra. Chiudo gli occhi per concentrarmi e l'oscurità non scende su di me, ma mi sale da dentro, come un'onda che mi riempie le palpebre. La pietra è ruvida, rovinata. Sotto la pelle sento un numero infinito di piccole fessure e tagli, minuscoli, come un prato riprodotto minuziosamente sulla pietra. Come se di questo prato qualcuno avesse voluto ricordare ogni filamento d'erba, ogni granello di terra. Inizio con le mani da quella che, a toccarla, mi sembra una testa, due parti appuntite, come due orecchie, poi un muso, allungato. Gli zigomi e le mascelle sporgenti ai lati, un corpo magro, seduto sulle quattro zampe, a riposo. Una lunga coda dal bacino, dal suolo, che si allarga vicino all'estremità e poi si stringe di nuovo. La statua si illumina con un brivido simile a una palpitazione. Una volpe luminescente si stacca dalla sua immagine di pietra e comincia a correre lungo le pareti del pozzo sempre più profondo. Le sue zampe di luce nella corsa diventano piccole gambe, che si slanciano, prima ancora a carponi, poi senza l'aiuto delle mani, in posizione eretta. Il corpo si allunga e si compone in una forma diversa, piccola, umana. Piccoli fianchi, un petto non sviluppato, piccole braccia. Il volto e la coda sono le ultime a cambiare. Una bambina con una lunga coda di volpe corre nel buio, attraversa il nero, incidendolo, e viene risucchiata giù, sul fondo. *La Volpe vince sul Cacciatore perché il Cacciatore è stato incantato.* Il silenzio arriva improvviso, come se l'aria fosse stata tagliata di netto. Quello che nella casa era il pavimento si apre, lontano, alle nostre spalle. Un corallo scivola veloce, luminoso, vicino alle nostre teste e si ferma un po' oltre noi. I pentagoni dei suoi punti a uncinetto si innestano sul fianco della galleria, si impiantano come se mettessero radici. Non è più filo luminoso, ma esoscheletro morbido prima e poi osso, e infine pietra. *Torna e dormi. Torna sempre. Torna e dormi. Torna sempre.* Un sussurro si alza piano fra le altre statue, dentro il cimitero delle volpi di pietra. *Torna e dormi. Torna sempre. Torna e dormi. Torna sempre.* Più il bisbiglio cresce e più la pietra si rinsalda. Quella voce allarga la coda della volpe, allunga il muso con un lamento sommesso, sotterraneo.

La volpe piange una lacrima, una sola, poi anche i suoi occhi diventano pietra. Lachesi infila un'unghia sotto il grosso coperchio di un barattolo, il rumore del sottovuoto che scoppia suona con un'eco precisa, rotonda, dentro la galleria. Cloto immerge fino in fondo il pollice e rovescia tutto il contenuto ai piedi di una volpe di pietra, poi di un'altra. È una lunga processione, silenziosa. Passo dopo passo le sardine melmose finiscono davanti alle zampe immobili di tutte le piccole steli funerarie. Una mano luminosa da bambina esce dal corpo di una volpe, afferra il pesce gelatinoso e poi scompare. «Mangiano?» domando. «Sì, creatura, hanno sempre fame i morti. Hanno vagato molto. Sotto la casa della palude dormono tutti i morti della Terra. Ognuno di loro è passato per una Luna, per un budello della memoria. Alcuni sono stati dimenticati da quelli che li amavano e per questo cancellati dalle maree, altri no, non ancora». «Si racconta che un giorno il fantasma di una volpe, dopo aver incantato la Morte e dopo aver a lungo vagato senza sapere a quale mondo appartenere, arrivò a una piccola casa, vicino a una palude. In quella casa viveva una donna sola. La volpe e la donna si innamorarono. La volpe era un fantasma, la donna lo sapeva, ma non poteva lasciarla andare. Era l'amore della sua vita. La volpe e la donna costruirono un labirinto dentro la casa perché dopo la Morte anche il Tempo potesse essere incantato. Gli anni passavano, la donna invecchiava e si ammalò. L'ultimo giorno la volpe, dopo una notte passata al suo fianco, sul suo cuscino, prese la donna fra le sue braccia, era diventata così piccola da sembrare un passero. Uscirono dalla porta di casa e si immersero nell'acqua calda della palude della dimenticanza. Lentamente, mentre la donna chiudeva gli occhi per sempre, la marea cominciò a salire e a cancellarle. L'ultima immagine dentro i suoi occhi mentre moriva fu la volpe che svaniva tenendola sempre in braccio. I morti, anche se non lo sanno, anche se non vogliono fare del male, hanno sempre fame. E i vivi avranno sempre fame di loro. Per questo diamo loro da mangiare, per accarezzare quel vuoto e calmare quella nostalgia feroce, quella nostalgia con i denti, per chiedergli di andare». Un rumore sordo di ali alle nostre spalle invade l'aria. Quello che nella casa era stato il pavimento, ancora più lontano, si apre e Atropo, afferrato fra le caviglie il bastone con l'impugnatura di avorio, vola, raso le pareti della galleria, fino a noi. La luce delle sue ali, del suo corpo, come un profilo luminoso nell'oscurità, apre il mio sguardo. Le pareti della voragine non sono scure, basaltiche, come avevo pensato, ma trasparenti come un diaframma. E sotto quella membrana quasi di vetro in cui sono conficcate le stele funerarie, come una scala a pioli che attraversi la Morte, vedo il bosco dentro la Luna. Un bosco millenario fluttua dentro l'acqua delle maree a riposo, alberi grandi come non ne ho mai visti. Radici e tronchi di un grigio scuro, ferrigno. Dentro l'acqua, davanti ai miei occhi, piccolo, lontano dalla parete, nuota lo scheletro di un ippogrifo. L'immagine si riverbera, si moltiplica dentro la mia cornea, come il ricordo di un sogno, come un déjà-vu lontano. Posso sentire attraverso il vetro le vibrazioni dei mulinelli delle sue piume ridotte a ossa e delle sue zampe di cavallo scarnificate, più adatte al cielo e alla terra. «Sali su di me, ragazzo, è tempo di tornare a casa». Mi arrampico sulla schiena rigida di Atropo, avvolgo le braccia attorno al suo esoscheletro millenario, ma non per fuggire verso il pavimento ancora aperto, verso la casa della Palude che sembra sempre più remota. Atropo dispiega le ali con un rumore granitico e scende in picchiata verso il fondo, verso il buio più oscuro, verso il Niente. Voliamo sopra tutte le volpi di pietra, tre bambine luminose si staccano dalle steli e corrono sotto di noi, sempre più piccole, sempre più lontane. *La Volpe vince sul Cacciatore perché il Cacciatore.* Le loro voci nella mia testa si inseguono, sempre più simili alla danza dell'ippogrifo nell'acqua. *La Volpe vince sul.* Scheletri di voci che danzano dentro la mia testa. «Vieni, Orlando, ti porto a casa».

La Volpe vince sul Cacciatore perché il Cacciatore è stato incantato.
La Volpe vince sul Cacciatore perché il Cacciatore. La Volpe
vince sul

15
Il Nucleo

Quando impattiamo con la superficie del Nucleo sembriamo una cometa. Le venature delle ali di Atropo, che la velocità ha reso di fuoco, sono sentieri in fiamme. La Luna trema. Il buio è un sistema di cerchi concentrici, di orbite disegnate attorno a un buco nero. La vibrazione della nostra caduta si ripercuote attraverso la materia ferrosa, dissesta gli equilibri degli atomi, strappa gli elettroni dalla loro danza di gravità, smotta le componenti ancora fluide. Poi il boato, che dilata il Tempo e lo Spazio.

Quando il cuore della Luna ha smesso di tremare, apro gli occhi. I miei piedi oscillano ancora sotto il mio corpo. La superficie del Nucleo risplende di un grigio lucente, metallico, freddo. Continua a espandersi e a contrarsi, come se respirasse, in un battito regolare. Gli atri si dilatano e i ventricoli si restringono, con un lieve dondolio che lo fa somigliare a un pendolo. Un tempo la Luna era una libbra di Terra. Poi un meteorite colossale la strappò via. In quel momento un frammento d'osso si conficcò in quell'arto fantasma, una scheggia di materia dentro l'invisibile, un cuore di ferro, liquido al suo interno, vulcanico, in continua mutazione. Il Nucleo. Mi guardo intorno. Ogni oggetto sulla superficie sembra composto da una materia quasi aerea, leggerissima. Ovunque, alla mia destra, alla sinistra, vedo scheletri di creature fantastiche e mi fanno tornare di nuovo a casa, alla città del Mare della Tranquillità. Sirene, tritoni, draghi dalla forma di anguilla con grandi teste e denti da porca, carcasse di balene mastodontiche. Ma la loro materia non è la stessa che sulla crosta lunare, non sono davvero scheletri e ossa quelli che vedo, non hanno quella compattezza. Le loro forme sembrano sgretolarsi davanti ai miei occhi, il respiro sembra poterle fare a pezzi. Cenere bianca. Ogni cosa sulla superficie del Nucleo è composta di una cenere bianca, che brilla di un riflesso che viene dal ferro, una luce grigia, di metallo. Cammino fra quelle carcasse fragilissime, Atropo avanza alle mie spalle, mi guarda con i suoi cento occhi, silenziosa. Sunny esce dalla sua tasca e nuota nell'aria, corre avanti a me. Qualcosa lo chiama. Davanti ai miei occhi, si forma un'immagine che riconosco. Un piccolo giardino, sempre bianco di cenere. Uno scivolo, un'altalena che si muove ritmicamente al dondolio del pendolo del Nucleo. Il suo movimento fa alzare un po' la cenere del prato e così tutta la scena sembra immersa in una fuliggine bianca, leggera, come se avessi davanti agli occhi la riproduzione di un ricordo, opaca come una vecchia fotografia scolorita. Più avanti, si alza, nel centro del prato, un grande albero dalla statura maestosa. La nebbia fine della cenere lo confonde ai miei occhi. Il suo colore mi sembra di un rosso accesso, e sembra, dentro la mia vista offuscata, sembra muoversi. Sembra vibrare di movimenti non volontari. Fremere di sangue e di nervi scoperti. Mi avvicino e lo vedo. Non è un albero di radici, corteccia, foglie. È un albero immenso di carne, muscoli, terminazioni nervose, vasi sanguigni. Un albero senza pelle che trema per le stimolazioni elettriche del sistema nervoso periferico. I filamenti dei muscoli si tendono e si rilassano, alternativamente. Il grasso stria la muscolatura, la isola, la ripara dal freddo. Il sangue riempie i condotti venosi. I grandi rami si aprono in lunghe ossa, si articolano nei dischi di cartilagine. Ai piedi dell'albero di carne, accanto all'altalena di cenere, c'è una piccola volpe di pietra e vicino una camelia dai fiori di un rosa tenero, pallido. La camelia è cresciuta stringendosi alla piccola tomba, i fiori sbocciano vicino al collo della volpe, avvolgono la coda in un riverbero rosa, si infilano fra le orecchie appuntite. Atropo stende la sua grande ala e copre la mia spalla. Mi avvicina a lei, così. «Questa è la tua casa. Hai viaggiato tanto, ma sei sempre rimasto qui, sotto questo grande albero. Qui, con Sunny, che da anni dorme sotto quella camelia. Non sei mai nato sulla Terra tu. Eravate due nella pancia, tua sorella è nata prematura, ma tu non sei voluto venire al mondo». Sunny scivola vicino alla volpe di pietra, si infila silenzioso fra i rami della camelia. Respira piano dentro uno dei suoi fiori. I miei occhi diventano tanto grandi che non credo di poterli più tenere. Ho freddo, penso. Vorrei che il mio papà tornasse, che fosse diverso e che mi prendesse in braccio, vorrei chiudere gli occhi. Sono tanto stanco. «Orlando, sei stato un grande amore. Anche quando non lo sapevi. Tua sorella ti ha amato tanto. Tu sei la cosa che lei ha perso, con il tempo sei diventato tutti quelli che le mancavano, tutti quelli che non potevano essere più con lei. Ti ha tenuto con lei, stretto, non ti ha mai lasciato andare. Non ha mai permesso alle maree di cancellarti. Ma adesso è tanto stanca, non sa più quale sia la sua casa. La marea sta cancellando il suo cuore». Il vento si alza sulla superficie del Nucleo della Luna. Le ossa, il piccolo scivolo, l'altalena si sbriciolano senza rumore, la cenere sale in una danza che sembra quella della neve. Sta nevicando, Sunny. È un vortice leggero che scivola attorno al mio corpo, che accarezza Sunny e i suoi fiori e lo solleva piano. L'albero comincia a espandersi, il centro si apre come una ferita. Pulsa. Le contrazioni aumentano e risucchiano tutto al suo interno, il vento, la cenere. Mi fermo qui, dentro la morte, guardo tutto accadere. Non mi lascio trasportare da quella marea, questa volta, decido io di andare. Riporto Sunny nella sua tasca di stoffa, che sembra un po' più stretta adesso. Infilo le mani dentro la carne dell'albero. Sono una bambina che entra dentro un albero.

Apro i suoi tessuti piano, con dolcezza, mi faccio spazio. Entro con tutto il corpo, e mi stringo in un bozzolo mentre i muscoli si richiudono intorno a me. Non smetto di andare.

«Permesso?», chiedo all'albero. «Posso entrare?».

16
La nostra casa

«Scusami, è un disastro qui».

«Non ti preoccupare».

«Non volevo farti entrare fino a che non fosse stato tutto in ordine».

«È solo che non potevo più aspettare. Forse anche tu».

«No, anche io non potevo più aspettare».

Il giorno che Orlando suona alla porta di casa è una donna di trent'anni, magra, forse troppo. Gli occhi grandi, di un verde confuso, con delle crepature marrone scuro, come un albero. Sembra troppo piccola per il suo corpo. Ha indossato una giacca di troppe taglie più grande di lei, delle scarpe enormi. Io le apro la porta e la guardo. Lei trema e sorride. Non so più quanti anni ho, mentre la guardo. Ho la sua età, penso, per la prima volta nella mia vita. Ho tutte le sue età. È notte, lei non dovrebbe essere qui.

«Posso entrare?».

È completamente bagnata, fuori sta nevicando da tutto il giorno. Non deve abitare così vicina come pensavo, mi dico. Ma mentre la guardo mi accorgo che non lo so dove abita. Io non lo so. Gli stivali sono bagnati così tanto che sembra aver camminato tutto il giorno con i piedi dentro la neve. Il grande cappuccio della giacca le ha riparato solo in parte i capelli. Mi guarda e io non capisco che cosa voglia esattamente. Non capisco perché sia qui.

«Faceva freddo fuori?».

Le chiedo. Lei mi guarda e si mette a ridere, i suoi occhi diventano lunghi e sottili. Sembra un bambino, penso mentre la guardo.

«Un po'. Non mi piace tanto l'acqua».

Io rido, non lo so perché. Rido perché è qui e perché è arrivata. Penso che non la stavo aspettando e che avrei voluto che non arrivasse mai. Ma rido.

«Sei così bella».

Mi dice lei, con gli occhi verso lo zerbino, mentre si pulisce gli scarponi prima di entrare. Io cerco i suoi occhi ancora. Guardami, penso.

«Ho avuto freddo fuori sai, tutta quell'acqua, tutta quella neve. Ma poi ho pensato che tu ci avresti tenuti al caldo».

«Vuoi un tè?».

«Non devi essere gentile. Non ce n'è bisogno».

«Entra, per favore».

Si toglie la tuta da palombaro, la piega, la lascia sopra una libreria bianca. Sotto ha una canottiera bianca, da ragazzo, e sulla pelle alla sinistra del petto una piccola tasca di tessuto. Sunny sbuca solo di poco, mi guarda impaurito e si guarda intorno. Vedo la casa per la prima volta, come se la vedesse lui. Una casa minuscola dentro una stanza. Le librerie bianche con una vetrinetta intagliata. La grande poltrona rovinata in un angolo. La cucina, il tavolo. Un mazzo di tulipani gialli dentro un piccolo vaso.

«Mi piacciono i tuoi fiori» dice lei.

«Lo so. Piacciono anche a me».

«Lo so».

Il silenzio scende fra di noi, come la neve.

«Siediti» le dico, come se glielo chiedessi per favore.

Il pavimento di casa comincia piano a vibrare, con un rumore sordo, sotterraneo. Comincia a bagnarsi. L'acqua filtra dalle piastrelle del pavimento. Riempie le fughe dolcemente, come se fossero canali.

«Non abbiamo tempo. Sta arrivando la marea. Ascoltami».

Mette i suoi occhi dentro i miei. Sei minuscola, penso. Sono minuscola, penso.

«Per favore».

Lei mi chiede per favore.

«Per favore».

Ancora.

«Per favore, mi porti al mare?».

Io chiudo gli occhi, per tenerla. Per abbracciarla, per stringerla a me, senza toccarla. Li riapro subito. La neve sbatte contro i vetri, si infila sotto le finestre, si mischia all'acqua che sale lentamente, che ci bagna i piedi.

«Non guardarla. Guarda me».

«Al mare?».

«Sì, mi porti con te al mare?».

«Perché vuoi andare al mare? Non ti piace l'acqua».

«Restiamo sdraiate al sole per ore, io e te. Vuoi? Al sole. Sunny gioca sul bagnasciuga e di tanto in tanto ci schizza con l'acqua. Tu ridi tanto. Parliamo. Parliamo e il tempo scivola come se non esistesse. Io scrivo con i piedi sulla sabbia, perché non so mai stare ferma quando sei qui. Tu a volte ti giri e mi accarezzi i capelli».

«No, io leggo».

Ride di una risata tanto leggera da lasciarmi senza fiato.

«Tu leggi sempre».

«Va bene».

Rido con lei, non riesco a smettere di guardarla.

«Guardo il mare, ti guardo. Penso che sei così piccola».

«Mi porti a fare un bagno?».

L'acqua dentro la nostra casa ci bagna le ginocchia. Il vento ha aperto la finestra vicino alla cucina. Sbatte il vetro contro il ripiano alto. Fa un rumore insopportabile.

«Non distrarti».

«Tu non lo conosci questo mare, può essere pericoloso».

«Non è pericoloso se tu sei qui».

L'acqua preme fredda sui nostri seni. Io non smetto di guardarla.

Continuo: «Ti faccio aggrappare con le mani sul mio collo. Nuoto con la testa fuori dall'acqua e tu mi prendi in giro, stringendoti più forte. Ridi dentro le mie orecchie, ti sento».

«Sei una signorina per bene».

«Sei una signorina per bene, mi dici ridendo. Io faccio una faccia arrabbiata, poi non ci riesco. Con te non ci riesco mai. Tu conti ad alta voce per vedere quando durerà. Sei bella aggrappata a me, penso. Sei bellissima, penso. Ti racconto una storia».

«Raccontami tutte le tue storie».

«Ti racconto tutte le storie di questo mare. La storia di quando siamo nate, di quando sono nata e tu non c'eri, ti racconto tutte le storie di questo mare perché tu le devi conoscere tutte. Nuotiamo fino al largo, vuoi? Oggi mi sento le gambe forti».

«Nuotiamo fino all'altra riva».

«Ci sono i mulinelli, le correnti».

«Non ti preoccupare, portami con te».

«Ti stancherai».

«Non mi stanco se mi porti con te. Mi sta crescendo una codina da pesce. Sembro un cucciolo di sirena. Guardami».

Non riesco a voltarmi.

«Guardami».

Mi giro e la guardo. Stiamo nuotando in alto mare. La

riva da cui siamo partite ormai sembra lontana. Orlando è tornato bambino e mi guarda tenendo la testa sulla mia spalla sul pelo dell'acqua. I suoi occhi non sono cambiati. I suoi occhi non sono cambiati mai.

«Sta salendo la marea» gli dico.

Lo prego.

«Bene».

«Dobbiamo tornare indietro».

«No».

«Fa freddo».

«Non avere paura. Fra poco non avrai più freddo».

L'acqua si muove sotto la mia pancia, un solletico leggerissimo sulla pelle. Un brivido. Sunny ha cominciato a nuotare lungo il mio corpo, scivola vicino al mio ombelico, fra le mie braccia, si infila sotto le mie ascelle, fa larghi giri attorno al mio petto. Passa vicino alle mie orecchie, salta sbattendo la coda, sopra le nostre teste. Lo guardiamo con le bocche aperte. Le sue scie luminose ci illuminano e illuminano il fondo del mare. Orlando ride.

«Guarda, guarda le sirene che nuotano vicino a noi, c'è anche il cucciolo di sirena, guardami, e l'ippogrifo che non ha smesso di danzare e anche l'orca gigantesca con la testa da porca lì sul fondo del mare. Sunny è sempre stato tuo, io lo avevo solo preso in prestito. Lui sa dov'è la sua casa».

Sunny comincia a crescere sotto le mie braccia. Le sue squame leggere si allargano sotto di me, la sua schiena si inarca e si allunga come un arco di luce. Il suo corpo diventa gigantesco, il corpo di una balena luminosa e trasparente.

«Guarda, la marea sta salendo. Com'è bella oggi che ti ho trovata».

Le dita di Orlando si allargano piano. L'acqua passa fra di loro, preme sui piccoli palmi, cancellandoli. La pelle sembra evaporare sotto il peso della marea. Le sue braccia si staccano dal mio collo, cerco di tenerlo stretto con le gambe, di afferrarlo di nuovo, ma lui mi spinge via, dolcemente, e si lascia andare. L'acqua cancella le sue spalle, il suo petto, entra dentro la tasca di stoffa, la riempie e la porta via. Cancella la pancia piccola, l'inizio delle gambe. I piedi senza più i suoi stivali grandi. Sento il suo piccolo peso scendere a picco dal mio corpo. Mancarmi, scivolarmi via. Sprofondare giù da me, giù nel mare. Non riesco più ad abbracciarlo, lo cerco e non riesco più a abbracciarlo. Cerco di riprenderlo con tutto il corpo. Sento il mio corpo senza il suo per la prima volta. Comincio a tremare, così forte che non so come fermarmi. Sunny si piega sotto il pelo dell'acqua, solo per raccogliere la forza e spiccare il volo. Il suo corpo mastodontico, trasparente, sotto di me punta verso il cielo. Sfondiamo il soffitto della nostra casa, il cielo nero del Nucleo, il bosco dentro la Luna, il mare di basalto, la crosta e la regolite. Bianchi di polvere, puntiamo verso lo Spazio, sembriamo una stella. Tutta la Luna è ormai lontana, trema e sorride dietro di noi. Piccolissima, sempre più piccola. La sua luce e la nostra sembrano le luci di due fantasmi, che si allontanano senza poter mai più smettere di guardarsi.

Tutta la Luna ha la voce di Orlando.

nevica, Marlon

che preghiera sghemba, amore mio

NON AVERE PAURA DEL BOSCO
Orlando o dell'infanzia immortale
di Fiona Sansone

Elisa:

L'amore è lo spazio e il tempo resi sensibili al cuore.

Marcel Proust

Terni, 18 marzo 2021

Cara Virginia,
questa è la prima serata, forse, tutta per me. Leggo davanti al fuoco.

Credo che questi pensieri tu li abbia scritti a Ethel, così affiori ai pensieri come un'onda, come se tutte le parole raccolte avessero inciso nella memoria del mio intelletto uno scambio, un ponte.

Si sono accesi i lampioni e tra le fronde degli olmi il tramonto spacca il cielo tra la fine del giorno e l'inizio della notte, quella luce di mezzo che, sai, mi fa languire il cuore, e mentre gli uccelli del giorno rientrano nei nidi, quelli della notte si accingono a svettare sui comignoli e a cantare di lei, Artemide, nel suo essere sorriso del Cielo.

Volevo dirti che ci hanno chiamate. *Carne blu* si pubblicherà. Avrei dovuto già consegnare, ma è tanto straordinario comprendere che esisterà un libro e in questa vanità credo che sverrò. Al di là di questo abisso fatto di pagina vuota, continuo il trasloco: la tua è la mensola più alta, quella che prende luce tutto il giorno, nella libreria tibetana che avrebbe bisogno di un tavolino da caffè piastrellato come quello che hai commissionato per Monk's House. La mia Venere in toletta però spicca tra le due finestre. Pensiamo di dipingere la parete antistante di verde, qualcosa lega le nostre case. Terni e Londra. Forse riderai, ma mentre mi approprio di questo territorio selvaggio e spendo i miei soldi per questa "tana" immagino Londra, perché ancora non l'ho visitata e scopro tra queste pietre umbre tracce londinesi.

Come nel tuo viaggio, anch'io comincio a credere che questo vedere le torri e gli edifici squadrati addossati gli uni agli altri senza morbidezza che, in ogni attimo, aggiungono carattere all'ambiente presto renderà insulso qualunque altro paesaggio; così so che in quell'età in cui il tempo è solo una linea tra ciò che ti raccontano e ciò che sogni tu eri la mia Antica scrittrice con cui crescere e ora, per diventare per qualche istante scrittrice, mi appellerò a Te, e il gioco di trasformare i miei amici nei tuoi personaggi prenderà Vita.

Roma, 21 marzo 2021

Cara *Virginia* Nana,

Le macchie di sangue in mezzo ai massi della montagna,

ho quattro anni,

scalar le gole è un gioco,

scalare e sbucciarsi le ginocchia,

vedere che i massi son più alti di te,

d'improvviso esser presa sulle spalle per accelerare il passo e seguire quelle gocce che indicano un sentiero, verso l'alto,

non capire perché all'improvviso non si è più felici,

vedere le foglie negli occhi,

pensare che qualcosa è successo, sta per succedere o accadrà,

esser messa in terra e rivedere tutto enormemente più grande di te,

scalare i massi,

scivolare, mantenere l'equilibrio tra i ciottoli del ruscello,

passare sotto la cascata degli innamorati,

seguire le tracce di sangue, non essere rassicurata,

lui che dice forse una capretta si è fatta male…

Bugia!...

Il silenzio del terrore, insetti, cavalli, pecore, slalom tra i massi

Non guardare mai giù!

le mani come artigli, i piedi come molle, destra, sinistra, su e su, non si suda quando si ha paura...

I miei fratelli, i miei fratelli lassù, il sentiero di sangue e poi i piccoli maschi pallidi, i maschi lanciano sassi, si bucano le teste... Le guerre dei bambini e poi non ricordo... no no non morte... niente quella volta, niente...

Ma lì ho visto il sangue.

Sparso.

A gocce, sulla montagna.

Si diventa adulti per feritoia, un giorno di passaggio in un cambio d'orizzonte, le voci s'inseguono nei giochi, si ovattano all'interno e c'è brusio che muove, che scontenta e quel giorno si rinnova nella mente e t'interroga, ti accudisce finché una nuova relazione con l'evento non diviene paradigma, e poi con l'età una rappresentazione di un qualcosa di lontano e preciso, che non parla di te ma del mondo. Questo mondo che emerge, fatto di animali fantasticati, addensati senza connessione biologica, mostruosi e agonizzanti – da dove arrivano? Orlando li guarda e non muove passo, il bambino osserva il corpo moribondo e lo contempla, lo seziona con gli occhi, lo mostra al suo pubblico, e poi gli fa casa, lo conserva, non a monito della futura assenza, ma con gioia di eterno, il bambino non conosce il macabro, il bambino conosce la vita, il suo corpo, i tendini, decide il luogo dove depositare quell'incontro, analizza le parti e scopre, scopre e ricopre. L'infanzia si ritualizza, latte, svezzamento, solido, sorrisi e poi denti. Orlando non mangia, non ne ha bisogno, imparerà a succhiare?

Amica mia,
nero su bianco ti voglio bene.

Treno per Orte, ore 11.54
Tripla lettera
Contigliano – Roma – Teramo

Cara *Virginia* Beatrice, Elettra, Emily,
Caro *Virginia* Nikos, Umberto,
gemme d'infinito, mi domandate perché non torno.
Il divano letto è arrivato e sì, presto, prima di presto, speriamo di farvi arrivare.
Sulla Luna è nato un bimbo con un cuore pesce: Sunny.
Si chiama Orlando e ha tutte le vostre età,
ha l'età dei nonni, di mamma e di papà, l'età di Babbo Natale e quella del primo frammento del Big Bang.
Sembra.
Che parola bellissima è: sembra.
È nato lì, prima dei suoi genitori, e con il suo Sunny ne combina delle belle.
Ama come te Nikos le lucciole,
ama preparare la colazione come te Emily,
come te Umberto ama correre e leggere,
ama ricostruire le cose come te Elettra,
ama guardare negli occhi come te Beatrice.

Orlando ama, ama tantissime cose, ed essendo nato da poco ha molte domande.

La domanda preferita è: l'acqua dove va? perché trascina le cose? perché quando la Luna è tutta tutta tonda l'acqua cresce? perché respiro nell'acqua? perché mi asciugo se non c'è il sole? l'acqua è tutta salata? perché quando papà è nato sulla Luna la marea l'ha cancellato?

Orlando mi fa venire il mal di testa, come quando noi in macchina cantiamo a squarciagola *Frozen*.

Sapete bene che a zia l'acqua piace poco.

Ma sapete anche che in acqua con voi sono il più solido galeone per pirati.

Pare che Orlando sia amico delle sirene e forse, Elettra, riesco a convincerlo per farti fare un giro sull'ippogrifo, tu che hai l'età del volo.

Ora so che sulle sirene abbiamo le idee confuse, ne abbiamo discusso tanto, e siamo arrivati all'accordo che sulle loro squame c'è un qualcosa di magico che le fa essere Umane quando ne hanno bisogno. Ne abbiamo bisogno. Ma secondo voi perché per essere quello che vogliamo essere dobbiamo lasciare qualcosa, consegnare a uno stregone o a una strega un pezzo di noi?

Il vestito di Belle.

Il guanto di Thanos.

Il ciuccio.

I capelli.

I denti da latte.

Perdere le cose è l'arte che voi Gemme avete in comune. Io con voi. Noi che perdiamo le cose siamo come l'acqua? O siamo più terra? Be', tra noi ci sono scintille e fuochi che bruciano forte?

Perdere non è solo quando arriviamo secondi a una gara, perdere credo che sia più dimenticare.

Perdere è non fare gli auguri al nostro migliore amico.

Perdere è non fare i compiti perché tanto la maestra è antipatica.

Perdere è non rispondere ai ciao, non dare i baci, tirare la coda al gatto, leccare la finestra quando piove, perdere è l'arroganza di chi ti dice potevi fare di più, perdere è costringervi a essere attenti, perdere è promettere e non mantenere, perdere è tirare calci e pugni, perdere è dire è stato lui, è stata lei.

Perdere è non avere il tempo per voi, uno per uno e tutti insieme. Noi che perdiamo molte cose però abbiamo un pregio, le orecchie del Lupo, per ogni cosa persa c'è un canto, un canto così forte che sarà impossibile non udirlo, e come Pollicino troveremo la strada, basterà chiudere gli occhi, respirare un po', stringersi, magari prendiamo per mano Beatrice, e vedrete che la nostra sirena ci indicherà la mappa, e nella mappa, finalmente Umberto, incontreremo la Balena che ci racconterà la storia, e Nikos, sì, potrai vedere il suo scheletro che lei ci mostrerà perché un giorno tu possa scriverne.

Vi appartengo.

Roma, 25 marzo 2021

Cara *Virginia* Barbara

Sulla Luna è arrivata Lei, Orlando.

Carne blu sta esondando.

Federica Rosellini ha scritto una storia, che fa della drammaturgia un nuovo modo di attraversare il teatro grazie alla consapevolezza attoriale e alla poliedricità della persona. Io e Nadia, come ha detto lei stessa, siamo state ostetriche, ed è bellissimo essere a fianco di chi per nove mesi si fa autrice di un'opera.

A me l'odore delle librerie è sempre piaciuto, forse.

Lì c'erano le vite che avrei potuto vivere. Ho iniziato a parlare né prima né dopo, non ho detto mamma, non ho detto papà o acqua ho detto Eio, Elio. Avevo fame: gelato e lettere. Mangiavo cono fiordilatte e stracciatella in braccio a papà mentre lui faceva il cruciverba. Forse lì la frammentazione delle lettere è diventata altro. I miei non hanno voluto che iniziassi a scrivere e leggere prima del tempo. La scuola era il mio tempo. Ma mentre i miei fratelli facevano i compiti tra un sei troppo piccola e il loro sono grandi in me cresceva un desiderio. Forse lì c'era: angelo di dio che sei il mio custode delle preghiere di mamma e la bellezza dei quadri e delle mappe viste con papà. Io volevo leggere, questa idea che qualcuno da qualche parte aveva scritto per me mi faceva impazzire di gioia, smaniare, mi faceva sentire importante. Non c'era la letteratura per l'infanzia, c'era da andare dalla Signorina Assunta e scegliere e io lo ricordo perfettamente: alzare il dito e puntare. Plauto e Woolf sono arrivati nella busta della spesa tra il latte e il pane, e nascosti nella sedia bianca e arancione dove normalmente scioglievo le caramelle per fare le pozioni. Ho capito niente, letto e straletto. Nonna preparava le polpette a occhio, mio fratello faceva i calcoli a occhio, mamma le misure a occhio, papà le distanze a occhio, io leggevo a occhio. Riuscivo a scrivere lo stesso rigo per tre volte e l'alfabeto era ogni volta diverso. Mi arrabbiavo che le cose fossero fisse, a me si muoveva sempre tutto, A con O, B con P, D con T, L con R e alle medie scrivevo formule chimiche, non temi.

Poi lei, bella, bella come le guerre che devi fare sennò sei uno sfigato, lei nella cabina del mare, il cambio costume, il non devi guardare e lì che io ho perso: le lettere, la parola io non sapevo più dire. Non respiravo più, la testa veloce, la voce muta. Il mio sguardo aveva letto oltre, oltre il corpo, oltre il sorriso. Le sue labbra erano esattamente come i rami del pino che anni prima i due vicini di casa avevano fatto bruciare con dei petardi, la scala dei pompieri si era innalzata verso la cima a bagnare tutto ciò che era arso, il cielo della mia camera adesso aveva uno spazio e il vetro della finestra era lì fermo a incorniciare il dito libero di disegnare sul fiato che mi ha infuocato per anni. Balbettavo. Il sale del mare mi aveva seccato. Aveva tirato via e portato lontano la fluidità, avevo la testa piena e la bocca vuota. Ero incirconcisa sulle labbra, forse per questo Mosè riuscì ad aprire in due il Mar Rosso, ma qual era il mio Esodo? Se rispondessi adesso, mi confesserei a quell'adolescente con un'unica parola: il teatro. L'unico luogo mai sterile. La relazione tra infanzia e teatro è forse la mia risposta alla maternità, preferisco forse alla genitorialità, alla responsabilità che ogni singolo dovrebbe avere per una causa. Qual è la mia causa? Evidentemente le giovani creature, anche d'interspecie. La possibilità di interrogare sempre corpi di diverse età mi concede la probabilità di abbassare il livello di lettura pregiudizievole e scardinare la fissità di un certo tipo di pensiero; *Carne blu* fa lo stesso, i corpi dei due Orlando, quelli delle creature, quelli ricordati sono l'epidermide di un mondo che riflette e specchia il nostro. Come se per esserci a pieni polmoni dovessimo prima passare per l'asfissia, gli "uomini" rispondono solo per vie violente, e il teatro? Il teatro come risponde? La violenza percepita e vissuta dai protagonisti della nostra storia è integra, tutta intera si affaccia alla memoria, come se ci fosse un ricordo universale e sensibile di ciò che ci ferisce, non è edulcorata, non è patinata, si attacca alle gambe, al ventre, chiude la gola e ti fa morire. Se è vero che tutti i giorni nasciamo, quante volte muore un bambino o una bambina, o un cucciolo di rondine o di topo durante l'arco di una giornata? Credo che nel testo noi possiamo rintracciare un manifesto delle morti, un manifesto delle vite, in maniera del tutto arbitraria e divisoria, perché – e ne sono sempre più convinta – è lì che possiamo vedere. Vedere la sbucciatura, ricordare il terz'ultimo bacio, sentire l'odore di sigaretta sulla camicia, il teatro mostra l'indicibile, il mostruoso che si fa bello e ti innamora. Non c'è Barbablù senza chiave. L'Aletheia esplode in tutta la sua tenerezza. Perché se Orlando ha un'emozione su cui dovremmo soffermarci, è la tenerezza, quella soglia tra io sono per me e io sono per te, fatta solo di biscotti al burro, caffè e fiori gialli. Forse senza volerlo *Carne blu* risponde alla ricerca di trovare una parola che faccia da altare alla fragilità. Orlando è un bimbo e una giovane donna *antifragile*. Non Infrangibile. Anti-fragile.

Barbara, arrivo fra pochi giorni e ne parliamo di presenza.

Terni, 3 aprile 2021

Caro *Virginia* Fabio,

amico mio, le giornate si allungano e sono appena rientrata da Genova.

Procedo a rilento, sarà questo inizio di caldo, lo zodiaco nel cielo notturno fa vedere nuove parti, così quando verrai sarà possibile osservare le nostre costellazioni?

No Roma non mi manca, mi mancano Asola e Aedo. La prossima settimana comunque rientro, le Selvatiche saranno nuovamente per pochi giorni sotto lo stesso cielo e magari, se riusciamo, io e te faremo colazione insieme, prima del mio treno quotidiano. Vorrei chiederti di portare il telescopio, ho bisogno di rivedere la Luna, magari per la piena possiamo organizzarci. Orlando sta bene, viaggia avanti e dietro sulla metropolitana di Selene, certo che cosa magnifica sarebbe vedere gli Appennini Lunari. Due anni fa quando eravamo sull'Himalaya, non so se te l'ho raccontato, la seconda notte, dopo il solito acquazzone monsonico notturno, ricordo di essermi svegliata e il cielo che si squarciava sotto un lampo mi svelò la visione del contorno lunare, laddove eravamo in fase di plenilunio. La nostra guida mi disse che in quella parte della Luna che noi non vediamo mai e in quella che dovremmo vedere ma per fase non si mostra ancora, lì risiede il loro Aldilà. Federica non so come ci è arrivata a questa storia. I miei due selenografi preferiti siete. Quando ci vediamo ti prego, ricordami che ti devo fare delle domande sul colore dell'ombra, che qui sulla Terra mi è chiaro, ma sulla Luna?

A Lui no ma a Lei Orlando, se fossimo sulla Luna, alla sua e alla nostra ombra cosa accadrebbe?

Chiamami…

Terni, 7 aprile 2021

Cara *Virginia* Mamma
Spiegarti tutto,
i tuoi occhi irritati dal sole,
irritati dalle notizie,
irritati dal lavorio mentale
i tuoi occhi pungolano il mondo, spalancano la possibilità.
Dovevo lasciarti lì per poi arrivare qui.
Ora che credi al niente.
Ora che il niente è, ora mi vedi.
Quel sogno disarmato tu l'avevi già fatto.
E giorni e mesi, e anni senza ricordo.
Vuoi ricordare o dimenticare.
Vuoi correre o passare.
Amo il silenzio di questa casa vuota, nuova.
Chiome e tronchi piovono dal tetto. Finalmente un tetto che non brucia, non si scoperchia per vedere la Luna.
È girato il vento di Morte, e averti qui è avere lo scricchiolio della Terra.
Bisogna avere una madre, riconoscerla con le mani,

per sapere che nel partorire c'è un atto di Rivoluzione. La consapevolezza che si metterà al mondo un estraneo. Qualcuno che porta di noi le fattezze ma spesso, o a volte, si discosta per trovare i suoi riconoscimenti. In *Carne blu*, i due vedono solo per un istante la loro mamma, fatta di terra e spighe, e noi adulti, che con fatica smettiamo di essere figli, raramente abbiamo la capacità di vedere le nostre di madri. Così il materno è il satellite a noi più vicino, è lo sguardo dei poeti, non a caso loro, i poeti, per ricercare il verso hanno alzato il mento all'insù, il poetare è la parola migliore per dire: io creo. Così quando tu e le donne che hanno partorito hanno generato: la creatura in pianto è una nuova poesia. Così tutte le donne che non generano e interrogano la parola costituiscono un nuovo modo di fare poesia. Le bambine sono una poesia. I bambini sono una poesia.

Tu mamma sei poeta e io il tuo personalissimo multiverso di Vita.

Terni, 10 aprile 2021

Cara *Virginia* Luisa, mentore: ἔγω δὲ φίλημμ' ἀβροσύναν;
ho raggiunto il centro. “Sono accanto al nocciolo misterioso delle cose come di notte, talvolta, si è accanto a un cuore”.

Sorse dal buio una voce, che per tre volte parlò, mugugnò, mi alzai, per un istante capii che, per quell'antico patto, ci eravamo offerti a qualsiasi dolore per far nascere una nuova vita, mi sporsi per vedere la profondità dell'ombra, brillava piccola piccola una spilla da balia, alzarsi nella notte per una voce che punge. Doveva venire l'alba, eppure le acque si sono rotte tra le porte, eravamo lontani dalla meta del nove, lontani perché nessuno guidava, Italia mi portò da sola, i maschi tutti a casa, e poi noi due, i tagli e i lacci e l'inizio dei raggiri. Volevo un maschio, il terzo, mentre lui una bambina da sempre. Lo voglio perché lo so vestire. L'ho vestita da Principe mangiava con le mani. L'ho vestita da Superman ha incenerito tutti. L'ho vista sorridere quando si è vestita da rondine, da rondine capite? Danzare, migrare costantemente lontana da noi. Una volontà di fuga, non una figlia, una fuga.

Da cosa fuggono i bambini. Spesso, nel buio della notte, sotto i letti tutto prende una forma che la luce non rivela. Il buio del teatro genera Luce, il Buio della camera da letto genera paura. Lui, Orlando, non è spaventato dal cercare i motivi per cui la marea non lo cancella, lei, Orlando, non è spaventata dal seguire le tracce che lascia colui di cui lei è parte e doppio. Lei è nata sulla Terra, ha un'età precisa, cronologica, definita e gentile per forma e maniera, lei è la fiamma che permette a Orlando di liberare il suo cuore pesce e trasformarsi e trasmutarsi. Forse due fratelli, uno divino e uno terrestre, o specchio e rifesso di un unicum. Un Tiresia oracolare fra i mondi che interroga non altro da sé, ma qualcosa d'inciso nella propria pelle, così interno da farsi principio e inizio. Cosa vuol dire essere principio? Bruciare dello stesso fuoco, essere *nucleici*, dialogare con altro da noi che nel sangue contiene i nostri stessi lineamenti? Cos'è fratello e cos'è sorella? Nelle fiabe spesso una coppia di fanciulli affronta un viaggio con un'origine comune che si differenza per poi ricongiungersi, come può la parola consentire il permeare dei rapporti senza che uno prevarichi sull'altro?

Nella storia scritta da Federica tutto si fa canto e suono, il silenzio non è privazione acustica, ma un personaggio che emerge dalla lettura, non ha nome, non è una cosa. È l'attitudine umana a rifugiarsi nella mente, e per questo non è assenza ma brusio, formazione alchemica di pensiero. Leggendo, anche il lettore subisce uno sdoppiamento, è colui che legge e l'essere letto.

Nella fratellanza c'è il riconoscimento del legame con la ferita che ci ha generato, nella sorellanza spesso la cura a questo. Ma la ferita è anche la forza che ci ha espulso o accolto ed è struggente vedere quante infanzie hanno fatto di questa forza la loro catapulta e chi invece ne è rimasto disorientato.

Ecco ho perso il treno, corro a fare la spesa.

Terni, La Passeggiata
ore 9.30

Cara *Virginia* Picco,

anima dell'animo mio, ancora non ci siamo date il buongiorno,

mi hanno detto dove mi puoi portare a mangiare il gelato. Fra pochi giorni rientri e saremo nuovamente noi. Che gioia è il noi quando non è superficiale, quando non nega l'io; questo posto dove sono ora ti piacerà tantissimo, più di quello dove ti ho vista per la prima volta, e ho scoperto anche dove possiamo andare a prendere le felpe nuove, così magari anche io ne ho una e tu tieni come già stai facendo la mia. Sì, ci siamo incontrate per proteggerci, sì, ci siamo incontrate perché io imbiancassi i capelli e tu fossi invitata a pranzo sempre. È trascorso un anno, un anno in cui abbiamo fatto uragano, tu acqua io fuoco, tu gigante io piccola, tu ape io alveare, tu abbraccio io corsa, io vestito da sera tu freddolosa, vicine, vicine, vicine.

Animo dell'anima, che regalo è questo pesciolino che nuota felice e fa crescere il seno, solletica il ventre, e ci rende maschili forti e non violenti? Sunny è il Sole, fino a ora solo un altro essere umano è stato il mio Sole. So che lui sarebbe felice, felice che io abbia te ora. Quando ci siamo riconosciute al di là dei ruoli, delle convenzioni, delle differenze: non credi che sia uno dei miracoli a cui abbiamo assistito nelle vostre vite? Picco, Sunny brilla di notte. E sì, il tetto è ancora bagnato ma piano piano stiamo non asciugando, ma permettendo all'acqua di indicarci la via, comunque tutta questa acqua… Picco… Per fortuna l'amore pulsa, pulsa e contraendosi genera calore, genera una spinta verso il nuovo presente, il dono di oggi è una coccinella sul copione, il fatto è che tra tre giorni arrivi e io con te ho risposto a molte domande. L'amicizia è la forma dell'amore più sacro, è il ponte tra le indifferenze, come se Picco e Lupa con i loro tre e quasi quattro anni abbiano ricominciato insieme a scoprire, a camminare, a essere se stesse. Tu sai che quella bimbetta che è sempre agitata dentro di me con te si ferma, e io so che quella dentro di te, quando sta con me, dorme. Abbiamo dormito così tanto in quest'anno insieme, forse per questo stiamo realizzando tante cose. È scoppiata la gioia, e dobbiamo contagiare tutto, Picco, tu sei Vita, tu sei la porta dove portare i fiori, io non mi volto, io ho cuore aperto e occhi spalancati, io ho coraggio Picco, lo sento così forte da quando mi hai detto sì, che io non ti ho mai detto no. Tu sei il sì in un mondo che nega qualsiasi possibilità. Non c'è separazione. Tu ti fai strada nel petto. E io ho nome.

Stazione di Orte, 4 maggio 2021

Cara *Virginia* S. P.,

Sono trascorsi tre mesi dal nostro *forse arrivederci*. Non c'è giorno che io non Le rivolga un pensiero, non mangio le Golia da tre mesi, forse è il mio tributo al nostro saluto, Orlando procede e bene, e vorrei dirle così tante cose, che, ecco, tutto quello che non le ho scritto in questi anni ora ha carta e inchiostro. Lei sa la fatica che hanno le mie lacrime ma sa anche con quanto entusiasmo mi innamoro ogni giorno della vita. Come è possibile che la scrittura di Federica diventi per il pubblico, per me un manifesto? Smettendo di nasconderci dalle paure, svincolandoci dalla tirannia del passato e imparando a goderci il presente. Ho dismesso le armature, e aperto il petto all'incontro. Vede anche ora che provo a scriverLe, qualcosa s'interrompe, perché ci sono legami sacri, e patti inviolabili e questa sedia non è poi così comoda come la sua poltrona. Lei è stata la mia stanza tutta per me, la mia analista e quante volte le ho parlato di Virginia, quanto volte lei mia ha compresa, e quanta pazienza mi ha insegnato, a me i suoi occhi mancano molto, io che ho per molto tempo faticato a stare nel suo sguardo. Ho letto tantissimo in questi mesi, ho recuperato gli anni, ma poi chiudo le pagine e c'è solo il cielo cui rivolgere le domande, o le mie ipotesi. Ecco, a me manca la sua intelligenza, ma forse mi manca anche la possibilità di abbandonarmi a me stessa, nel buono e nel niente della propria esistenza. Credo che, come in *Orlando*, a volte bisogna cambiare pianeta per capire qualcosa di sé, bisogna attraversare gli Inferi. Aveva ragione, Orfeo mi assomiglia, ma io non rivolgo indietro il mio sguardo, non più, l'invisibile è qualcosa che adesso mi appartiene, e quei corpi fantasmatici, per cui inventiamo le storie e le narriamo, sono comunque la carne dei nostri desideri più profondi. Ma un sogno, un'immaginazione non è meno vera perché i più non ci credono. Se è vero che il tempo non esiste, qui e ora, c'è anche molta serenità per le possibilità fallite, i lutti, perché di contro non ci siamo arrese, né io né Lei. AverLa vicina è stato svelare la delicatezza mia, scoprire che potere abbiamo nel fare mondo, e io questo mondo che vedo con occhi nuovi so che in parte porta il Suo di nome, con cui non l'ho mai chiamata, così l'universo è un qualsiasi nome che va scoperto giorno dopo giorno. Lei mi ha donato la capacità di nominare le cose, tutte, e Orlando le scopre, le riconosce, le sa dire; sono venuta da Lei con il cuore gonfio e le parole tagliate, e ora la donna che sono diventata, capelli bianchi e scarpe pulite, la immagina come s'immagina una gioia al buio di una sala con le poltrone rosse, e io La vedo come Lei straordinariamente ha visto me.

Grazie.

Roma, 5 maggio 2021

Cara *Virginia* Anna Di Silvestre,

Cara Prof.ssa,

si ricorda quando, al Liceo, mi suggerì di leggere *Orlando* di Woolf, mentre eravamo sulla tomba di Merlino, con Bradamante e Melissa? Io ricordo perfettamente tutte le cose che lei mi ha insegnato, le ricordo perché le riconoscevo una fermezza e una passione che nessun adulto intorno a me aveva. Lei è stata la mia Fata Madrina, e mentre le ponevo mille questioni su Merlino e le varie domande su Artù, che non c'entravano nulla con il nostro programma, lei aveva il tempo, lei lo trovava sempre. Non ero un'allieva facile da avere in classe, quando mi mandava a correre in corridoio per sbollire la mia irrequietezza, o quando mi costringeva a darle ogni mese il quaderno delle versioni, lei faceva di me una giovane adulta.

La penso spesso mentre rileggo il copione scritto da Federica Rosellini, appena possibile gliela farò conoscere, la penso perché Federica ha tracciato dei personaggi che richiamano il valore che la scuola dovrebbe avere nella formazione. La penso perché quando mi confronto con Nadia sulle possibilità che la lingua ha, so che a rispondere spesso è lei… Non io. Io ricordo il giorno dopo l'ennesimo tre nello scritto di greco: mi regalò le *Baccanti*. Dopo Papà, lei era l'adulto che si preoccupava di farmi leggere il teatro, così come Atropo nella nostra storia svelerà il mistero della vicenda al piccolo Orlando, lei spesso mi ha svelato le sicurezze. Lei è stata con certezza una delle mie Parche, attenta alla costruzione della mia quotidianità, attenta alle merende, attenta a cosa mi diceva e soprattutto al come. Lei è: i come. Non nel loro essere termine di paragone, anzi, il modo gentile, severo di guardarci negli occhi e dire tre quando era tre e nove quando era nove. Anna sa bene che lei un po' la vita me l'ha salvata, lei ha protetto l'adolescenza mia, l'amore mio, dall'ottusa ignoranza di chi usa le lettere per ferire, o i numeri per giudicare. Lei è stata per tre anni il mio respiro, lei la Scuola, σχολή, il tempo libero di imparare a fiorire in un giardino. E se il giardino è il luogo che conserva la vita, lì sulla Luna, nel Nucleo, c'è un bosco, e tutte le infanzie nei boschi si perdono, per scoprire che di notte, se permetti agli occhi di abituarsi, vedi benissimo.

Cara *Virginia* TTN,

Eccoci qui, io che scrivo a te, è una cosa proprio buffa questa.

Ho bisogno di parlare con te di tutta l'acqua di *Carne blu*.

Il Gran Sasso divide la mia terra tra due storie, da una parte un gigante e dall'altra una bella addormentata, così ci si abitua a vedere l'orizzonte come un salto e non come nella tua terra, come una magia di Morgana.

Ho sempre pensato che vivere in una città d'acqua faccia camminare in maniera diversa, se da piccolo la terra non la vedi, impari un altro equilibrio, impari che i capelli si arricciano, anche i più sottili e lavici, il gelato si scioglie prima, e c'è qualcosa di grande e blu che respira con te, che ti suggerisce il ritmo su cui adagiare il diaframma. L'acqua della mia terra è neve, ghiaccio, brucia le nocche e ti fa brillare le ciglia, fa parlare attraverso piccoli messaggi di fumo che si formano ai primi vagiti. La neve è il battesimo popolare messo in culla e il canto che si rincorre sulle vette, invece Orlando è palombaro, un palombaro lunare che lega le sue chiome alle rocce. Come sono i pesci quando spalanchi gli occhi dentro il sale? e la pelle a che profondità si fa molecola acquatica?

quand'è che scolora se il sole anche nei giorni d'inverno indora la cute?

Io l'unica cosa che so fare bene in acqua è mantenere i baci, aggrapparmi come una tellina allo scoglio. Tu sai che sei stata il nostro porto sicuro, ogni nuova creazione ha bisogno di un porto, meglio, di un faro che mostri la luce, l'attracco ai naviganti. Saresti bellissima vestita da Pirata, ti prego alla prima vestiamoci da Pirata e Sirena, va bene tu Sirena, che come l'ho scritto ho sentito la tua voce. In ogni caso il fatto che sulla Luna le piante rimarrebbero bambine sarebbe un bell'argomento da allargare. L'incidenza che hanno i semi sulle specie e il ruolo centrale degli esseri umani nell'estinzione di piante e animali. Tutta la biodiversità che c'è in *Carne blu*, sia di genere che di forma, non solo dal punto di vista linguistico, pone una profonda riflessione su un pensiero ecologico , una conversione che ripristina il livello sacro del ciclo vitale e, visto che ne parlo con te, direi lunare. Questa ciclicità, cui tutto il cosmo risponde, mi convince ogni giorno di più che sia l'unica traccia divina che possiamo riconoscere non per dogma ma per osservazione. D'altronde a me il fatto che per ogni fase lunare ci sia una dea ad assegnare il nome all'astro mi piace da quando sono piccola, e che questi nomi siano vari nel senso e nelle culture dà grande margine a un multiculturalismo reale e non ideologico.

Sì, io vorrei un mondo divino, Orlando è Dea e Dio, è la Condizione umana di prendersi in carico la propria esistenza e farla esplodere.

Ringraziamenti

Carne blu nasce da una visione avvenuta tre anni fa, che si è fatta giorno dopo giorno più concreta grazie all'ascolto, al sostegno e alla professionalità di tutto il CSS Teatro stabile di innovazione del Friuli Venezia Giulia che ha fornito la prima casa al nostro Orlando ospitandolo a Dialoghi / Residenze delle arti performative a Villa Manin; alla perspicacia di Francesca Corona e a Residenze Teatro India, per aver dato con coraggio spazio a una piccola ensemble in un momento in cui tutto era, apparentemente, fermo mentre Sunny ci portava a inerpicarci sui crateri lunari. C'è un regno per ogni bene, il nostro è Centrale Preneste Teatro – Ruotalibera Cooperativa Sociale Onlus: *per gli anni, l'amore e le ore.*

Grazie a EDIT – Educazione Diritti Territorio –

Società Cooperativa Sociale, che protegge i sogni di piccoli e grandi ed è riparo sicuro quando si ha paura.

Massimo Racozzi, che condivide con noi un segreto, sicure che presto sarà una gioia comune.

Elvira Berarducci, perché averti vicina o lontana ci assicura sempre un amuleto di protezione.

Erika Z. Galli – Industria Indipendente, perché anche nel buio della notte un'amica che tende la mano è un presente luminoso.